J. A. DE MOLINA REDONDO
De la Universidad de Granada

USOS DE «SE»

CUESTIONES SINTÁCTICAS Y LÉXICAS

SEGUNDA EDICIÓN

Colección «PROBLEMAS BÁSICOS DEL ESPAÑOL»

SOCIEDAD GENERAL ESPAÑOLA DE LIBRERÍA, S. A.
Evaristo San Miguel, 9
MADRID-8

OTRAS OBRAS DE ESPAÑOL

- **Ejercicios prácticos,** grado elemental e intermedio.
- **Clave** de **Ejercicios prácticos,** grado elemental e intermedio.
- **Ejercicios prácticos,** grado intermedio y superior.
- **Clave** de **Ejercicios prácticos,** grado intermedio y superior.
- **Perífrasis verbales.**
- **El subjuntivo.**
- **Las preposiciones** (2 vols.).
- **Usos de «se».**
- **Estilística del verbo en inglés y en español.**
- **Español en directo** (3 niveles).
- **Vocabulario del Español hablado.**
- **Manual de corrección fonética del Español** (libro y cassettes).

© *J. A. de Molina Redondo.*
S. G. E. L., S. A.
Madrid, 1974.

Impreso en España - Printed in Spain

ISBN 84-7143-018-5

Depósito legal: M. 14963 - 1976

Selecciones Gráficas. Carretera de Irún, km. 11,500. Madrid, 1976

INTRODUCCION

El título de este nuevo volumen de la colección «Problemas básicos del español» resulta ambiguo y poco explícito: *Usos de «se» (Cuestiones sintácticas y léxicas)*. Justo será, por tanto, tratar de aclararlo algo en esta introducción.

En principio, lo único que da unidad a las distintas partes de este estudio es el uso que se hace en la sintaxis del español del elemento «se», siempre idéntico en su forma, pero indicador de funciones y valores muy variados, al menos aparentemente. El tipo de «se» que parece realmente más alejado de los demás es el que se utiliza en lugar de las formas pronominales átonas de 3.ª persona *le* y *les* en determinadas circunstancias; ello explica que nos limitemos a dedicarle uno de los apéndices finales. Los demás tipos, si bien admiten un estudio por separado —así lo haremos nosotros, siguiendo la costumbre—, manifiestan, sin embargo, una serie de relaciones y concordancias que algún día podrá poner de relieve la sintaxis del español. Quede claro que nuestro intento no es, ni aquí ni por ahora, tan ambicioso: de acuerdo con el tono general que caracteriza a la colección, nuestra finalidad es en gran medida práctica. Por otra parte, debe quedar igualmente clara nuestra convicción de que cualquier estudio que persiga un fin práctico, si aspira a ser algo más que una mera recopilación de normas, tendrá que obedecer a unos presupuestos teóricos determinados, implícitos o explícitos. La teoría que ha guiado nuestro trabajo es expuesta aquí sólo en aquellos casos en que su mención resulta absolutamente necesaria; en dichos casos hemos procurado emplear una terminología no demasiado abstrusa y lo más cercana posible a los usos tradicionales.

El punto de partida en la investigación de los usos de *se* ha sido la creencia de que el lenguaje, si bien tiene elementos de rentabilidad variable, no posee unidades totalmente superfluas. Puestos así a buscar la especificidad del elemento que nos ocupa, hemos encontrado que los tipos básicos de *se* se relacionan con hechos semántico-sintácticos profundos; estos hechos son los siguientes:

a) que el agente real de la acción verbal esté expreso o no;

b) que el agente sea humano o no;

c) que el agente coincida con el sujeto gramatical de la oración o no;

d) que el sujeto y el objeto de la oración sean idénticos (= representables por la misma entidad léxica) o no.

Los factores anteriores y sus posibles combinaciones explican los tipos básicos de *se*, a cuyo estudio dedicamos la primera parte de nuestro trabajo: el de las oraciones impersonales, el de las pasivas, el de las llamadas «medias» y el de las reflexivas (y recíprocas). Hechos derivados o relacionados con los anteriores explican otros usos de esta forma, a los que atendemos en la segunda parte: su empleo con verbos intransitivos y su empleo opcional, pero no totalmente libre, con algunos verbos transitivos. En los apéndices tratamos algunas cuestiones que o bien son marginales en sí, o bien lo son para nuestra intención actual. Como los demás volúmenes de la colección, éste se cierra con una serie de ejercicios y sus soluciones.

Aún quedan algunas observaciones que hacer. La complejidad del tema elegido es obvia para aquellos que se ocupan del estudio teórico del español, así como para los que se dedican a enseñarlo o a aprenderlo; hemos procurado exponer nuestras conclusiones de manera clara, pero sin sacrificar nunca la mencionada complejidad a una pretendida simplificación pedagógica: en los puntos en que el uso no parece sistemático —o cuya sistematicidad no hemos sabido encontrar— nos limitamos a recogerlo o, todo lo más, a aventurar una posible explicación. El español actual no es totalmente homogéneo en los fenómenos que estudiamos, lo que los hace especialmente aptos para que en ellos se manifiesten las diferenciaciones normales en las lenguas: socioculturales, dialectales, regionales e, incluso, individuales. Nosotros hemos pretendido movernos en ese nivel un tanto abstracto —como todos— que a veces es llamado español «culto medio»; no estará de más advertir, sin embargo, sobre todo para lo que se refiere a hechos de «norma», de costumbre, más que a hechos sistemáticos, nuestra filiación lingüística andaluza (occidental).

Todas nuestras observaciones van acompañadas de numerosos ejemplos; no hemos creído necesario que estos ejemplos estuviesen documentados en obras escritas, principalmente por la razón aludida líneas antes: la complejidad y, a veces, heterogeneidad de los usos habría hecho realmente difícil lograr una mínima unidad de criterio caso de haber utilizado obras de autores diferentes; sólo por esto hemos preferido nuestro propio idiolecto. Una excepción hemos hecho con el excelente y utilísimo *Diccionario de uso del español* de María Moliner, que nos ha proporcionado numerosos ejemplos.

Estas cuestiones han sido tratadas antes, con mayor o menor extensión, en numerosos trabajos; las fundamentaciones teóricas y los métodos de esos trabajos son, como fácilmente puede suponerse, bastante diferentes entre sí. Las características de la colección nos han impulsado a prescindir de notas y referencias bibliográficas a lo largo de la obra; los lectores que conozcan la materia podrán separar con facilidad lo mucho que debemos a los demás de lo poco que nos pertenece realmente; para los que, sin ningún o con poco conocimiento previo de estos problemas, busquen iniciarse en ellos, el aparato erudito habría sido más un estorbo que una ayuda. Incluimos al final una bibliografía que intenta recoger los trabajos más importantes de que tenemos noticia. Queremos terminar esta introducción indicando que nuestro estudio es rigurosamente sincrónico (del español actual), lo cual no implica, por supuesto, ningún tipo de desconsideración

9

hacia el enfoque diacrónico; en realidad pensamos que sólo una confluencia de las dos perspectivas podrá proporcionarnos una explicación total de estos fenómenos.

PRIMERA PARTE

I

«SE» EN ORACIONES IMPERSONALES

1. La lengua española dispone de una larga serie de procedimientos para expresar la impersonalidad. Junto a los verbos típicamente impersonales (de fenómenos naturales: *llover, tronar, nevar, relampaguear,* etc.) y los llamados impersonales «gramaticalizados» *(haber, hacer* y *ser),* teóricamente todos los verbos transitivos (con objeto directo o en uso absoluto) pueden aparecer en expresiones impersonales de distinta configuración:

a) verbo en tercera persona plural:

> — Dicen que hará frío este año.
> — En Atenas han implantado el toque de queda.
> — Llaman a la puerta.

b) verbo en segunda persona (singular o plural):

> — Aquí ganas mucho, pero trabajas demasiado.
> — En verano salís temprano de viaje y así no pasáis calor.

c) verbo en primera persona plural:

> — Este año vamos a tener que importar mucho.
> — Hemos hecho algunos avances en política exterior.

Observación

De los tres procedimientos señalados, el primero es el único inequívocamente impersonal y, en consecuencia, el que presenta una impersonalidad más «neutra»; los otros dos pueden referirse a una auténtica segunda persona *(tú, vosotros)* o primera *(nosotros)*: sólo la situación nos aclarará si se da una indicación realmente personal o se trata de oraciones de valor genérico; en este segundo caso las construcciones se caracterizan, frente a la primera, por el intento de establecer una «participación afectiva» implicando al o a los oyentes (procedimiento b) o al grupo que engloba al hablante (procedimiento c).

2. Además de los recursos anteriores, ocupa un lugar destacado en español el uso de las contrucciones con *se*. Estas construcciones presentan diversas estructuras:

a) verbo transitivo + objeto directo inanimado:

— Se compra hierro viejo.
— Se vende pan.

Obsérvese que en los ejemplos que acabamos de dar sólo incluimos nombres en singular. La posibilidad de que aparezcan en plural se discutirá en el capítulo II (*se* en oraciones pasivas).

b) verbo transitivo + objeto directo animado:

— Se auxilió a los heridos en el accidente.
— Se desea un representante.

Si el objeto directo animado es determinado y lleva, por tanto, la preposición *a*, el verbo no puede usarse en plural. De acuerdo con esto, la construcción *Se auxiliaron los heridos en el accidente* es totalmente gramatical si se entiende en sentido reflexivo ('cada uno de los heridos se auxilió a sí mismo') o recíproco ('se auxiliaron unos a otros'), pero es incorrecta si lo que se persigue es el sentido impersonal. La construcción con el verbo en plural y la preposición *(Se auxiliaron a los heridos en el accidente)* es inadmisible desde cualquier punto de vista.

14

Por el contrario, si el objeto directo animado no es determinado y no lleva, en consecuencia, la preposición *a*, existe concordancia: *Se desea un representante/Se desean representantes*. Vid. también el capítulo II.

c) verbo transitivo + oración subordinada:

    — Se espera que mejore el tiempo.
    — Se piensa que acudirán a los tribunales.

Cuando la oración subordinada aparece en infinitivo la concordancia plantea también dudas. Nuevamente interviene aquí un hecho que se tratará en el capítulo II. Además de los verbos «modales» *(poder, soler, deber,* etc.), se dan en estas construcciones algunos verbos de «percepción sensible» *(ver, oir,* etc.); si el verbo en infinitivo lleva sujeto expreso de cosa, el verbo de percepción debe concordar con dicho sujeto: *Se ve arder un árbol/ Se ven arder unos árboles;* comp. *Se ve talar unos árboles (árboles* es objeto de *talar).* Repárese en la ambigüedad de una oración como *Se ve comer a los animales (los animales* puede ser sujeto u objeto de *comer;* menos ambigua es, o no lo es en absoluto, con otra ordenación: *Se ve a los animales comer,* donde se impone la interpretación como sujeto).

d) verbo transitivo en uso absoluto:

    — Se lee poco en España.
    — Se escribe en abundancia en estos tiempos.

e) verbo intransitivo:

    — Se baila.
    — Se trabaja mucho aquí.
    — Se vive mal en los tiempos actuales.

La *Gramática* de la Academia rechaza como galicismos las construcciones de este tipo en que interviene un atributo. En español actual parecen cada vez más corrientes si el verbo es intransitivo: *Se vive feliz en este pueblo, Se llega cansado después de tanto caminar,* etc.; más raro es el uso con los verbos *ser* y *estar,* aunque es posible encontrar algunos ejemplos: *Se es futbolista de zapatos en la oscuridad de las alcobas* (es una greguería de Ramón Gómez de la Serna), *Creo que se es verdugo sólo por necesidad*, etc. Es preferible, sin embargo, utilizar en estos casos otros recursos: *Uno vive feliz en este pueblo, Somos futbolistas de zapatos...*

Observación

Con los verbos obligatoriamente pronominales *(atreverse, jactarse, quejarse*, etc.; vid. apéndice II) no es posible esta expresión impersonal, pues la secuencia resultante *(se se)* no es aceptable en español; con estos verbos, por tanto, si se quiere lograr el sentido impersonal hay que acudir a cualquiera de los otros procedimientos o a recursos de tipo léxico (elementos de valor indeterminado, genérico, como *uno* y *alguien)*.

3. Todas estas estructuras con *se* coinciden en varios hechos básicos:

1) se trata de «acciones» que requieren siempre, en la realidad, un agente humano;

2) no hay, sin embargo, ninguna referencia lingüística expresa a tal agente;

3) no poseen como sujeto gramatical ninguna entidad léxica, ni expresa ni sobreentendida;

4) cumplen una indicación genérica, indeterminada, colectiva.

Los hechos 3 y 4 son, normalmente, los únicos atendidos por las gramáticas para llamar impersonales a estas oraciones; si bien esto es suficiente para caracterizarlas como tales, los hechos 1 y 2 nos servirán para ponerlas en relación con otros tipos de oraciones (vid. capítulos II, III y IV).

Observación

Algunos gramáticos opinan que el *se* de estas oraciones debe ser considerado sujeto; otros, más cautamente, se limitan a decir

16

que es un marcador o índice de impersonalidad. La primera opinión nos parece inaceptable por razones semánticas y formales; en cuanto a la segunda sería mejor exponerla así: *se* indica la existencia de un agente humano subyacente que, caso de ser expresado en la oración, asumiría la función de sujeto.

II

«SE» EN ORACIONES PASIVAS

1. El primer hecho que conviene señalar es que la pasiva «normal», «orgánica» o «perifrástica» no resulta explotada al máximo en español; se da, evidentemente, una marcada preferencia por la formulación activa, de modo que en algunos casos el uso pasivo de un verbo transitivo es posible, pero resulta de muy escasa frecuencia:

> — He leido tres novelas. / Tres novelas han sido leídas por mí.
> — He pensado muchas cosas. / Muchas cosas han sido pensadas por mí,

mientras que en otros es prácticamente inaceptable:

> — Los asistentes llenaron la sala. / La sala fue llenada por los asistentes (¿ ?).
> — El niño supo la lección. / La lección fue sabida por el niño (¿ ?).

Este hecho se ha visto compensado por el uso abundante de la pasiva con *se* (o pasiva refleja, según la denominación tradicional).

2. La estructura de estas oraciones pasivas es la siguiente: *se* + verbo en forma activa (3.ª persona) + sujeto de «cosa»:

— Se recibió el giro ayer.
— Se han suspendido las negociaciones.
— Se rechazará su propuesta.
— Se alquilan casas.

Como es natural, en estas oraciones el verbo ha de ser y estar usado como transitivo.

3. Un punto muy discutido en ocasiones es el de la diferencia entre oraciones impersonales con *se* y oraciones pasivas con *se*. El criterio semántico no sirve para poner de relieve la posible diferencia: cualquiera de las oraciones citadas en el capítulo anterior (impersonales) que tenga un verbo transitivo y un objeto directo puede ser entendida con sentido pasivo *(Aquí se vende pan* = '(El) pan es vendido aquí; *Se auxilió a los heridos en el accidente* = 'Los heridos en el accidente fueron auxiliados', etc.), e igualmente las oraciones citadas en el párrafo precedente pueden recibir una interpretación impersonal *(Se recibió el giro ayer* = 'Alguien recibió el giro ayer', etc.). Decir que el énfasis de los hablantes se centra unas veces en lo impersonal y otras en lo pasivo nos parece una sutileza del análisis; y nos lo parece porque el contenido comunicado por estas oraciones —que los hablantes utilizan precisamente para «comunicar»— es el mismo tanto si decidimos que son impersonales como si fallamos en favor de su carácter pasivo.

4. Si el criterio semántico no es válido porque estas oraciones admiten exactamente igual una paráfrasis impersonal o pasiva, habrá que buscar la diferencia en otro plano, concretamente en el de la forma (de las oraciones). La existencia de oraciones impersonales con *se* está fuera de toda duda: hemos dado en el capítulo I ejemplos con verbos intransitivos (incluso con atributivos), que no admiten una formulación pasiva; además, no puede razonablemente dudarse de que *Se auxilió a los heridos en el accidente* es una oración impersonal, por dos motivos al menos: porque el grupo nominal *los heridos* va precedido de la preposición *a*, que es marca normal del objeto directo animado; y porque, salvo alguna excepción muy localizada, no es posible en español un grupo nominal precedido de preposición en función de sujeto.

20

Hay en español un hecho de forma tan general como los anteriores, o más: si un grupo nominal concuerda de manera obligatoria en número con el verbo, dicho grupo nominal es el sujeto del verbo. De acuerdo con esto, si en español se dice *Se buscan representantes*, *representantes* es el sujeto de la oración y ésta, por tanto, no es impersonal.

Observación

Algunos gramáticos opinan que lo auténticamente conforme con la sintaxis española es decir *Se busca representantes, Se alquila habitaciones*, etc., y que el uso del verbo en plural se debe a presiones «normativas»; teniendo en cuenta la abundancia de oraciones de esta clase en las que el verbo y el elemento nominal concuerdan en número, la opinión anterior nos parece poco fundamentada, al menos para el español actual, y habrá que ver en ella sólo el deseo de una simplificación de la gramática.

5. Tenemos, pues, dos hechos formales como punto de partida:

a) la presencia o ausencia de la preposición *a;*

b) la existencia, o falta, de concordancia entre el verbo y el elemento nominal.

Si estos dos hechos se dieran de una manera absolutamente regular la decisión no sería complicada; lo cierto, sin embargo, es que no ocurre así.

Cuando el elemento nominal es animado y está determinado lleva preposición:

— Se amonestará a los infractores.

El uso de *a* se debe, como ya hemos señalado, al deseo de evitar confusión con los sentidos reflexivo y recíproco que tendría una oración como *Se amonestarán los infractores* (sentidos que no son posibles con nombres de cosa, con los cuales, pues, la pasiva tuvo camino libre). Se elimina la confusión a costa del sacrificio de una

21

oración pasiva de esta clase con sujeto animado determinado; no olvidemos, por otra parte, que el sacrificio no es tal si atendemos a la realidad práctica de la comunicación, ya que lo transmitido por una construcción impersonal y una pasiva es lo mismo en estos casos.

Observación 1

El uso de la preposición *a* marca claramente al elemento nominal 'como objeto gramatical de la oración, lo que hace totalmente inviable la aparición del verbo en plural.

Observación 2

Si el elemento nominal es animado, pero no está determinado, no se usa la preposición y suele haber concordancia:

— Se necesitan directores técnicos.

Esto, en realidad, no es un hecho aislado. También en forma activa hallamos la misma alternancia:

— Necesito a mis antiguos empleados. / Necesito empleados nuevos.

En el primer caso (con preposición) se habla de unos empleados «determinados»; en el segundo (sin preposición), no. Esto explica claramente, creemos, el distinto comportamiento en las construcciones con *se*. ¿Hay, entonces, en las oraciones del tipo de la que estamos comentando confusión entre los sentidos pasivo, reflexivo y recíproco? Cuando el elemento nominal está totalmente indeterminado (vid. nuestro ejemplo) creemos que no se da tal confusión, ya que se selecciona de modo automático el sentido pasivo; la confusión se da cuando hay algún tipo de determinación (indefinida):

— Se necesitan unos directores técnicos.
— Se necesitan tres directores técnicos,

aunque pensamos que en estos casos también se selecciona preferentemente el sentido pasivo.

Observación 3

Hay autores que, aun aceptando como sintácticamente correctas las oraciones con concordancia entre verbo y nombre, niegan sin embargo la existencia de la pasiva con *se* en español y consideran, por tanto, que todas las construcciones que hemos mencionado son impersonales. Afirman, por ejemplo, que no hay ninguna diferencia entre oraciones como:

— Se nos alaba. / Se alaban las buenas acciones.

Si la primera, dicen, es impersonal, la segunda no puede ser otra cosa distinta. Nos parece evidente que esta opinión revela una no distinción entre «lo comunicado» y el «modo de comunicarlo»; ya hemos dicho varias veces que atendiendo a lo primero la posible diferencia es irrelevante: en los dos casos se trata, sin duda, de que alguien alaba o bien a nosotros, o bien las buenas acciones; si atendemos a lo segundo no puede simplemente ignorarse la cuestión de la concordancia, y esto es, sin embargo, lo que hacen los autores a los que nos estamos refiriendo.

Observación 4

Queda, por otra parte, el hecho de la alternancia que se observa realmente en el uso entre oraciones con y sin concordancia:

— Se alquilan habitaciones. / Se alquila habitaciones.
— Se buscan aprendices. / Se busca aprendices.

La mayor parte de las teorías propuestas hasta el momento se ven obligadas en este punto a rechazar una de las dos estructuras como incorrecta, oponiéndose de este modo a lo que parece ser el uso actual. La explicación que proponemos en el párrafo siguiente puede obviar esta dificultad.

6. Nuestra explicación —que, recuérdese, proponemos independientemente de la historia del problema— se basa en dos premisas fundamentales:

1) la distinción básica, primaria, que debe hacerse en el

conjunto de las oraciones del español es aquella mediante la cual se separan las «personales» de las impersonales;

2) a una oración activa transitiva corresponde en general —las restricciones son muchas y variadas— una oración pasiva.

Las relaciones entre ellas pueden verse en el esquema siguiente:

a) *Juan aseó a los niños* $\xrightarrow{\text{pasiva}}$ *Los niños fueron aseados por Juan*
   $\downarrow$ impersonal
   $\begin{cases} \textit{Se aseó a los niños} \xrightarrow{\text{pasiva}} & \phi \\ \textit{Asearon a los niños} \xrightarrow{\text{pasiva}} & \textit{Los niños fueron aseados} \end{cases}$

b) *Juan vende objetos usados* $\xrightarrow{\text{pasiva}}$ *Objetos usados son vendidos por Juan*
   $\downarrow$ impersonal
   $\begin{cases} \textit{Se vende objetos usados} \xrightarrow{\text{pasiva}} & \textit{Se venden objetos usados} \\ \textit{Venden objetos usados} \xrightarrow{\text{pasiva}} & \textit{Objetos usados son vendidos} \end{cases}$

Como puede verse, el cuadro de correspondencias queda completo cuando el nombre es de cosa (b); queda una casilla vacía cuando es animado (a). Es necesario recordar que los nombres animados no determinados se comportan en este punto como los de cosa: en los lugares correspondientes de b) tendríamos *Se desea representantes* y *Se desean representantes*.

De lo dicho pueden extraerse varias consecuencias: 1) con nombres animados determinados, las construcciones con *se* son siempre impersonales —es decir, no pueden ser pasivas; 2) con nombres animados no determinados y con nombres de cosas, pueden ser impersonales y pasivas: se diferencian por la falta o existencia, respectivamente, de concordancia; 3) cuando el nombre va en singular, como, por ejemplo, en

— Se vende chatarra,

es inútil tratar de seleccionar uno de los dos sentidos con exclusión del otro, puesto que la diferencia formal queda neutralizada;

4) aunque la norma «oficial» se muestre reacia a aceptarlas, creemos que las construcciones con verbo en singular y nombre en plural son legítimas, en el sentido de que manifiestan una posibilidad sistemática latente del español —que, según una opinión a la cual nos sumamos, está convirtiéndose de modo acelerado en una realidad patente.

Observación

A la luz del esquema podemos comentar algunas estructuras:

1) *Se dictó sentencia por el juez.*

Oración incorrecta, porque, si bien la oración es pasiva, corresponde a una impersonal activa, que no contiene ningún elemento que pueda pasar a complemento agente en la formulación pasiva. El hecho de que oraciones con esta estructura se utilicen a veces (algunas gramáticas las recogen incluso sin ninguna mención especial) es una prueba indirecta de que son, o pueden ser, pasivas.

2) *Se auxiliaron a los heridos.*

Incorrecta, porque se establece una falsa concordancia: la oración no puede ser otra cosa más que impersonal. Creemos que esta incorrección sirve también para dar fuerza a la opinión de que existen, efectivamente, oraciones pasivas con *se*.

3) *Se auxiliaron los heridos.*

Utilizada en el español de otras épocas con sentido pasivo, hoy es necesario considerarla incorrecta si con ella se quiere establecer dicho sentido, ya que no cumple la restricción según la cual con nombre animado y determinado se requiere la presencia de la preposición *a* y el verbo queda inmovilizado en singular.

4) El esquema ofrece un conjunto de posibilidades, pero no todas ellas son igualmente explotadas. *Asearon a los niños* y *Venden objetos usados* serán impersonales sólo en contextos libres de equivocidad. Por otra parte, varios motivos hacen que las oraciones *Objetos usados son vendidos por Juan* y *Objetos usados*

25

son vendidos apenas se usen: la resistencia del español a la pasiva perifrástica y la anormalidad de un grupo nominal no determinado en función sujeto.

7. El esquema del párrafo anterior señala con claridad la correspondencia entre las impersonales y las pasivas con *se:* entre ellas existe la misma relación que entre una transitiva activa *(Los ladrones asaltaron el banco)* y su correspondiente pasiva *(El banco fue asaltado por los ladrones).* El español posee dos maneras, pues, de construir una oración pasiva:

a) si la transitiva es personal, con la perífrasis *ser* + participio;

b) si la transitiva es impersonal con *se*, estableciendo la concordancia entre nombre y verbo; el marcador o índice de la pasividad en las oraciones que hemos estado comentando no es, por tanto, *se*, sino la concordancia entre verbo y nombre.

8. Los hechos que considerábamos básicos en las impersonales con *se* (capítulo I, párrafo 3) se cumplen también en su mayor parte aquí:

1) son acciones que requieren siempre un agente humano;

2) no hay referencia lingüística expresa a tal agente;

3) la indicación que se realiza es genérica, indeterminada.

La diferencia está localizada en el plano sintáctico: mientras que las impersonales no poseen sujeto gramatical ni expreso ni sobreentendido, las pasivas con *se* sí lo tienen (es el objeto directo de la expresión impersonal).

Observación

Repárese en que hemos utilizado el término *impersonal* en un sentido estrictamente gramatical; se aplica sólo a las oraciones caracterizadas por carecer de sujeto. Este es el motivo de que no hablemos de pasivas «impersonales», sino sólo de pasivas «*con se*»;

en ellas *se* indica la existencia de un agente humano subyacente que, caso de ser expresado en la oración, asumiría la función de complemento agente.

III

«SE» EN ORACIONES «MEDIAS»

1.   Conviene detenerse en el significado que damos al término *media*, no utilizado corrientemente en la gramática del español. Es un término relacionado con la categoría gramatical de la *voz* (o *diátesis)*, que sirve para indicar un determinado tipo de relación entre el verbo, el sujeto y el objeto de una oración. Suelen señalarse tres posibilidades:

   a)   cuando el sujeto del verbo es el agente (o es presentado como agente) de una acción ejercida sobre un objeto distinto del sujeto, la construcción es *activa:*

   — El presidente aplazó la reunión.

   b)   cuando el sujeto del verbo corresponde en realidad al objeto de un verbo activo en una construcción subyacente, la oración es *pasiva:*

   — La reunión fue aplazada por el presidente.

   c)   cuando el sujeto —sea o no agente— es al mismo tiempo el objeto de la acción indicada por el verbo, la construcción es *media:*

— El niño se lava tres veces al día.
— La gripe se cura con estas pastillas.

Cada una de estas posibilidades (o *voces*) es expresada mediante una flexión verbal específica (como ocurre, por ejemplo, en griego).

2. La existencia de construcciones activas y pasivas en español está fuera de toda duda; también lo está que la construcción pasiva tiene formas específicas (*ser* + participio; *se* + verbo en forma «activa» + nombre concertado con el verbo; obsérvese que la especificidad es lograda en los dos casos mediante procedimientos de tipo sintáctico).

El problema es el siguiente: ¿existe una voz media en español? Si la existencia de esta voz requiere la posesión de una forma específica y privativa, la respuesta tiene que ser negativa. Pero esto no es obstáculo para que tratemos de mostrar que hay oraciones en español cuya característica básica es la relación de identidad entre sujeto y objeto que define a la voz media, es decir, para que intentemos justificar la existencia de construcciones medias.

3. El primero de los dos ejemplos que hemos dado líneas antes es una oración tradicionalmente llamada *reflexiva*:

— El niño se lava tres veces al día.

Esta oración cumple claramente la condición exigida: el sujeto de la oración es al mismo tiempo objeto de ella *(El niño = se)*. Del análisis de las oraciones reflexivas nos ocuparemos en el capítulo siguiente.

4. El segundo ejemplo que hemos propuesto no ofrece una interpretación tan clara:

— La gripe se cura con estas pastillas.

Vamos, pues, a tratar de comentar estas oraciones, cuyas características son: tener un sujeto gramatical no animado; presentar la forma *se;* poseer un verbo transitivo. El primer hecho que salta a la vista es la igualdad total de estructura, por lo menos aparentemente, con las oraciones que en el capítulo anterior hemos llamado pasivas con *se.* Las diferencias pueden resumirse en estos dos puntos:

a) en las pasivas con *se* hay siempre referencia a un agente que nunca va, sin embargo, explícito; en las medias, que coinciden con las anteriores en esa misma referencia, el agente puede ir o no explícito. En el ejemplo que hemos dado está explícito; no lo está en este otro:

— La gripe se cura muy lentamente.

b) en las pasivas el agente no expreso es siempre humano; en las medias el agente es siempre no humano *(estas pastillas* en nuestro primer ejemplo).

Observación

En relación con este segundo hecho el verbo *olvidarse* presenta unas características particulares. Veamos los siguientes ejemplos:

— He olvidado todo lo que dije. / Me he olvidado de todo lo que dije. / Se me ha olvidado todo lo que dije.
— He olvidado la cartera. / Me he olvidado (de) la cartera. / Se me ha olvidado la cartera.

En la primera serie *olvidar* significa 'no recordar'; en la segunda, además de este significado (con el cual la preposición *de* es obligatoria en el ejemplo que va en segundo lugar), puede tener el de 'dejar de traer' (y entonces no se utiliza la preposición *de*). En el primer ejemplo de las dos series, el sujeto se presenta como auténtico agente de la acción (esta presentación directa como agente implica que el sujeto no trata de eludir la responsabilidad del hecho). En el segundo, el sujeto sigue siendo el mismo y su carácter de agente permanece claro, pero la presencia de *me* implica un primer intento de diluir la responsabilidad (podríamos parafrasear su sentido así: 'el olvido es algo que yo he hecho y que al mismo tiempo *me* ha ocurrido *a mí*'). En el tercer ejemplo, el objeto de las oraciones anteriores pasa a ser sujeto, y la disolución de la responsabilidad a que aludíamos se hace completa (paráfrasis: 'el olvido es algo que ha ocurrido *en mí independientemente de mi voluntad*').

La dificultad que plantea este tercer ejemplo en relación con lo dicho en el párrafo 4 consiste en que, a pesar de ese intento de soslayar la responsabilidad, *me* podría seguir entendiéndose como una referencia al agente (humano) de la acción, con lo cual no sería válido nuestro segundo (y decisivo) criterio de diferenciación entre pasivas y medias. Mantenemos, a pesar de todo, este criterio por dos razones: a) se trata de un caso muy aislado; b) si admitimos el caso de *olvidar* como sistemático, el criterio podría mantenerse añadiendo lo siguiente: la condición para que en una oración media el agente sea humano es que vaya explícito.

5. Hemos dicho (párrafo 1) que el sujeto de una oración media puede ser o no el agente real del verbo; está claro que cuando el sujeto es no animado no puede ser el agente de la acción. El elemento *se* que aparece en estas oraciones sólo puede ser descrito como objeto directo.

Los verbos transitivos con uso medio son muy abundantes en español, de modo que es inútil tratar de proporcionar listas; damos a continuación algunos de estos verbos y unos cuantos ejemplos; véase cómo en la mayoría de los casos el objeto directo de la construcción transitiva pasa a ser sujeto de la media:

Abrir:	La puerta se abrirá con un empujón. / Un empujón abrirá la puerta.
Cerrar:	La ventana se cerró con el viento. / El viento cerró la ventana.
Curar:	Las heridas se curan con el sol. / El sol cura las heridas.
Enfriar:	El café se ha enfriado ya. / ¿Has enfriado ya el café?
Estirar:	La goma se estira con el calor. / El calor estira la goma.
Mejorar:	El negocio se mejorará con la ampliación. / La ampliación mejorará el negocio.
Recrudecer:	Nuestra enemistad se ha recrudecido con los últimos acontecimientos. / Los últimos acontecimientos han recrudecido nuestra enemistad.

Observación 1

En la mayor parte de los ejemplos anteriores puede observarse que el agente no humano, que en la formulación activa aparece como sujeto, en la media es representado por un complemento de la forma *con* + grupo nominal.

Observación 2

En el caso de *olvidar* (vid. observación del párrafo 4) hemos señalado que la conversión del objeto en sujeto y la consecuente aparición de *se* tienen como resultado una disminución o una elusión de la responsabilidad del agente humano implicado. En los ejemplos precedentes, al no haber referencia a ningún agente humano, el resultado no puede, por supuesto, ser el mismo: en ellos se trata de que el elemento nominal *(la puerta, la ventana, las heridas,* etc.), sin dejar de ser el objeto paciente de la acción, es presentado con cierta potencia activa —debida al hecho de funcionar como sujeto de la oración. Dicho de otro modo: el objeto queda atenuado en su calidad de tal al usarse como sujeto, mientras que el agente queda también atenuado como tal al usarse como complemento preposicional.

Observación 3

Cuando el agente no va expreso hay casos en los que no es fácil determinar si se trata de un agente humano o no humano: la interpretación como pasiva o media es dudosa; así ocurre, por ejemplo, en

— Las puertas se abren a las nueve en punto.
— Los comercios se cierran a las ocho.
— La discusión se acabó en aquel momento.

Observación 4

En algunos casos la formulación media alterna con la activa intransitiva: con esta última desaparece la referencia al agente y es el sujeto el que resulta directamente presentado como tal:

— Los comercios (se) abren a las cuatro de la tarde.
— La herida (se) cerrará pronto.
— La disputa (se) terminó al poco tiempo.

6. Hay que señalar el uso frecuente de construcciones medias con un pronombre personal átono en función de objeto indirecto; este pronombre establece una especial relación de pertenencia entre el sujeto de la oración y la persona implicada. He aquí una serie de ejemplos:

— Se le adormeció el dolor.
— Se le agolpó la sangre en las mejillas.
— Se me apresura el pulso al verla.
— Se nos ha averiado el coche.
— Aquí se os calentarán los pies.
— Se me cierran los ojos.
— Al verlos creí que se me paraba el corazón.
— Se le produjo una hemorragia al día siguiente de la operación.

Los verbos que aparecen en oraciones de este tipo son también muy numerosos; entre ellos, además de los anteriores, tenemos: *abrirse, alegrarse, alejarse, apagarse, apretarse, arrasarse* (Se le arrasaron los ojos), *arrugarse, atragantarse, bajarse, cansarse, cortarse, curarse, derretirse* (Se me derritieron las pasiones), *enredarse, estropearse, pasarse* (Se me ha pasado el tiempo sin sentir), *presentarse* (Se le presentó una complicación), *rizarse* (Se te ha rizado el pelo), *secarse, subirse, torcerse*, etc.

Observación   .

Algunos verbos intransitivos aparecen también en construcciones semejantes; así:

— Se le caen las cosas de las manos.
— Se me escapan las mejores oportunidades.
— Se os van todas las ideas como por encanto.
— Se le ocurren muchas cosas.

Obsérvese que en casi todos estos casos puede establecerse una relación con oraciones transitivas:

— ¡Ya has tirado el reloj! / No lo he tirado; se me ha caído.
— Dejas ir las mejores oportunidades. / No las dejo ir; se me escapan.
— Abandonas incomprensiblemente ideas muy buenas. / No las abandono; se me van.

Hay que concluir, por tanto, que estos verbos están usados como transitivos en estos casos. Nótese que *ocurrirse* adquiere un significado ('venirle a una persona una idea determinada, tener una ocurrencia') muy alejado del original (*ocurrir* 'suceder').

7. La construcción media es también posible con sujeto humano sin que obligatoriamente éste sea el agente real de la acción. A estos casos dedicaremos algún comentario en el capítulo siguiente.

IV

«SE» EN ORACIONES REFLEXIVAS

1. En el capítulo anterior hemos estudiado las oraciones medias que tienen sujeto de cosa; pero, como ya apuntábamos, el sujeto puede ser también humano. Que el sujeto sea humano no implica obligatoriamente que haya de ser al mismo tiempo agente de la acción verbal; cuando se da esta identidad tenemos un grupo especial de oraciones medias.

Primer hecho que conviene señalar: al ser el sujeto humano la forma que aparece no es únicamente *se*, sino cualquiera de las que componen el paradigma completo (en concordáncia con la persona del sujeto y del verbo). El paradigma es el siguiente:

	singular	plural
1.ª persona:	*me*	*nos*
2.ª persona:	*te*	*os*
3.ª persona:	*se*	*se*

2. Entre las oraciones medias de sujeto humano no agente están las llamadas por algunos de «cambios físicos»: sus verbos indican cambios acaecidos en el sujeto independientemente —en

circunstancias normales— de su voluntad y de su actuación, en ocasiones de modo inevitable; se trata de verbos como *aviejarse, avejentarse, cansarse, debilitarse, encanecerse, enfermarse, enfriarse, estropearse, fortalecerse,* etc. He aquí algunos ejemplos:

— Tu padre se ha avejentado mucho.
— Os cansasteis en el partido.
— Me he debilitado con el esfuerzo.
— Nos enfriamos en el camino.

También deben incluirse aquí los verbos que constituyen la serie de los que expresan «cambio anímico»; entre ellos están *aburrirse, alarmarse, apenarse, apesadumbrarse, aturdirse, apasionarse, azararse, apurarse, avergonzarse, enfadarse, enfurecerse, enojarse, espantarse,* etc. A continuación damos algunos ejemplos:

— Me he aburrido en la reunión.
— Nos aturdimos cuando nos preguntó.
— No te apures demasiado, que todo tiene solución.
— Ese amigo tuyo no se avergüenza ante nadie.
— ¿Te has enfadado conmigo?
— Se espantó al ver aquellas figuras tan horribles.

Observación

Estos verbos pueden usarse como transitivos con objeto directo de persona distinta a la del sujeto:

— Me han aburrido con su charla.
— Te alarmarán con sus palabras.
— Mis noticias lo apenaron.

Puede pensarse que los verbos mencionados tienen un valor factitivo en tales construcciones: *Me han aburrido* puede parafrasearse como 'han hecho que *me aburra*', *Te alarmarán* como 'harán que *te alarmes*', etc. Si esto es así, en *Ellos me han aburrido* la unidad *ellos* no sería agente real de *aburrir,* sino de 'hacer' y, en consecuencia, *me* no sólo sería paciente de *aburrir,* sino también su agente. Diríamos, entonces, que los cambios anímicos sólo son concebibles en español como producto de la propia responsabilidad del sujeto o persona implicada. Y deberíamos concluir que las oraciones que hemos enumerado al final del párrafo segundo son oraciones *reflexivas* (que estudiamos en este mismo capítulo).

3. Entre las oraciones medias deben incluirse las formadas con los verbos llamados de «cambio» o «devenir», que aparecen en construcción perifrástica (con sustantivo o adjetivo), como *hacerse, convertirse en, ponerse, volverse,* etc.:

— Se hizo rico en menos de dos años.
— Si sigues así, te convertirás en un ejecutivo destacado.
— Os pusisteis insoportables.
— Se ha vuelto taciturno.

También estos verbos admiten un uso transitivo no medio: *Lo hice rico en menos de dos años, Lo han vuelto taciturno,* etc. A ellos puede aplicárseles igualmente, pues, lo dicho en la observación anterior.

Observación

Otros verbos y expresiones verbales que indican «cambio» tienen más relación con los verbos propiamente atributivos; así, por ejemplo, *llegar a ser* y *quedarse:*

— No llegarás a ser un hombre famoso.
— Se ha quedado cojo.

La primera de ellas no posee ni siquiera el elemento que constituye nuestro objeto de estudio. (Tanto los verbos de «cambio» como los atributivos serán considerados en otros volúmenes de esta colección.)

4. Las oraciones llamadas *reflexivas* presentan dos rasgos esenciales: a) el sujeto del verbo es al mismo tiempo objeto; b) el sujeto es a la vez agente y paciente. Por el primer rasgo quedan incluidas entre las oraciones medias; por el segundo constituyen un grupo especial dentro de ellas. De acuerdo con el proceder tradicional, los ejemplos que comentaremos ofrecerán el pro-

nombre reflexivo en función de objeto directo o indirecto, pero conviene no olvidar que puede aparecer también en otras posiciones (*Juan habla consigo mismo, Antonio piensa mal de sí mismo,* etc.).

Ejemplos de reflexivo directo e indirecto respectivamente:

— Juan se lava; Juan se afeitó.
— Juan se lava la cara; Juan se afeitó el bigote.

Cuando el verbo lleva objeto directo distinto del sujeto, el reflexivo sólo puede ser indirecto.

Observación

Algunos verbos no admiten un reflexivo indirecto, como *acostarse, acusarse, defenderse, desnudarse, vestirse,* etc.:

— Juan se defendió; *pero no* *Juan se defendió su vida.
— Juan se vistió; *pero no* *Juan se vistió la chaqueta.

Otros, por el contrario, sólo pueden usarse como reflexivos si el pronombre es objeto indirecto: *abrocharse, ponerse, quitarse,* etc.:

— Juan se quitó la corbata; *pero no* *Juan se quitó (*a no ser que el verbo adquiera un significado muy distinto*).

5. Hay que incluir entre los reflexivos una larga serie de verbos transitivos de «movimiento», como *acercar, alejar, apartar, apear, apostar, aproximar,* etc.; todos ellos, en efecto, admiten la construcción con objeto directo distinto del sujeto:

— Me acerqué a la puerta. / Lo acerqué a la puerta.
— Me apartaré del bullicio. / La apartaré del bullicio.
— Apostó a tres hombres en lo alto del cerro. / Se apostó en lo alto del cerro.

Sólo una supuesta diferencia de sentido ha dado pie para afirmar que estos verbos en forma pronominal son intransitivos; no hay tal diferencia: lo único que ocurre es que con estos verbos la faceta agente y la paciente del sujeto no son captadas de modo diferenciado por los sentidos del observador, mientras que sí lo son con *lavarse*, por ejemplo.

Aquí deben estar, igualmente, los verbos que indican «cambios de postura» del cuerpo, como *acostarse, levantarse, ponerse (de pie*, etc.), *tenderse, tirarse (al suelo*, etc.), etc.; el paralelismo con los considerados típicamente reflexivos es perfecto también:

— Lavé al niño. / Me lavé.
— Acosté al niño. / Me acosté.

Observación 1

Los verbos del tipo *hacerse* y *construirse*, llamados «factitivos», pueden ser reflexivos auténticos o simplemente medios: será la situación la que seleccione uno u otro valor; compárense

— Me he construido una casa con mis propias manos *(se selecciona el valor reflexivo)*.
— Me he construido una casa con los tres millones que me tocaron en la lotería *(se selecciona el sentido medio)*.
— Me he hecho un traje con la máquina que me han prestado.
— Me he hecho un traje en la sastrería nueva.

Téngase en cuenta que el valor causativo de estos verbos persiste fuera de la construcción reflexiva: *Le he hecho un traje a mi hijo* puede querer decir 'se lo he hecho yo misma' o 'he encargado que se lo hagan'. Vid. lo dicho en la observación del párrafo segundo de este mismo capítulo.

Observación 2

Algunos verbos que significan «cuidados corporales» son también causativos, como *afeitarse, peinarse, pelarse, depilarse, hacerse la manicura*, etc.; así, una oración como *Voy a afeitarme* puede significar o bien que 'me dispongo a hacerlo yo mismo' o bien que 'me dirijo (o tengo la intención de dirigirme) a la peluquería para que me lo hagan'.

Por último, otros verbos que admiten la interpretación de reflexivos o medios (según la situación) son los que designan

41

acciones voluntarias o involuntarias: *cortarse, matarse, quemar-se*, etc. Ejemplos:

— Juan se cortó un dedo para no ir al servicio militar *(se selecciona el valor reflexivo)*.
— Juan se cortó un dedo cuando intentaba abrir la ventana *(se selecciona el sentido medio)*.
— Juan se quemó para ver si resistía el dolor.
— Juan se quemó al encender el cigarrillo.

6. A continuación de las oraciones reflexivas suelen citarse en todos los manuales de gramática española las oraciones *recíprocas*, que se definen más o menos así: oraciones con sujeto plural o múltiple, en las que cada una de las unidades que constituyen el sujeto es al mismo tiempo objeto de las demás. Ejemplos:

— Antonia y Luisa se besaron efusivamente.
— Esos dos no se dirigen la palabra desde hace mucho tiempo.

Como se observa en estos ejemplos, sobre todo en el segundo, no parece haber motivo para hacer de estas oraciones un grupo especial; todo lo más, constituyen un subgrupo de las reflexivas, con la única característica diferencial de la posible presencia de elementos de refuerzo como *mutuamente, uno(s) a otro(s), entre sí*, etc.:

— Los portavoces no se entendieron entre sí.
— Juan y Antonio se despreciaban mutuamente.
— Los participantes se miraron unos a otros con recelo.

En lo demás cumplen los requisitos fundamentales de las oraciones reflexivas, con la restricción evidente de que van siempre en plural, con lo cual el paradigma queda reducido a:

plural

1.ª persona	*nos*
2.ª persona	*os*
3.ª persona	*se*

7. A lo largo de esta primera parte hemos hablado de cuatro tipos de oraciones: impersonales, pasivas, medias y reflexivas. Desde el punto de vista de la función de *se* (o del paradigma completo, según los casos) estos tipos se reducen en realidad a dos: impersonales (porque en las pasivas el índice o marcador de la clase de oración no es *se*, sino la concordancia entre verbo y nombre) y medias (porque las reflexivas sólo son un subgrupo de ellas. Recuérdese especialmente en este punto que nuestro estudio hace abstracción de la historia: si teniéndola en cuenta puede decirse que las oraciones que nosotros llamamos medias son una expansión de la reflexividad, haciendo abstracción de ella resulta más simple y adecuada, creemos, nuestra explicación). En lo que sigue, sin embargo —y por respetar el uso tradicional—, hablaremos de *impersonales*, *medias* y *reflexivas*.

En la introducción mencionábamos una serie de hechos sintáctico-semánticos que consideramos básicos para comprender los usos de *se*. Veamos ahora cuáles son las semejanzas y diferencias entre estos tipos de oraciones en relación con los mencionados hechos:

a) que el agente real esté expreso o no:
   — no lo está en impersonales y medias;
   — sí lo está en las reflexivas.

b) que el agente real sea humano o no:
   — lo es en las impersonales y reflexivas;
   — no lo es en las medias (con la posible salvedad comentada en la observación al párrafo 4 del capítulo III).

c) que el agente coincida o no con el sujeto de la oración:
   — no coincide en las impersonales y medias;
   — sí coincide en las reflexivas.

d) que el sujeto y el objeto de la oración sean idénticos (= representables por la misma unidad léxica) o no:
   — no lo son en las impersonales;
   — sí lo son en las medias y reflexivas.

43

Estas semejanzas y diferencias, suficientemente estudiadas, podrán —así lo esperamos al menos— contribuir a la comprensión y explicación de la posible unidad profunda que rija los aparentemente tan variados usos del elemento *se*.

SEGUNDA PARTE

V

«SE» CON VERBOS DE MOVIMIENTO

1.   En la segunda parte abordamos una serie de usos de *se*
muy complejos y difícilmente reducibles a normas y esquemas en
muchos casos; también es en algunos de estos usos donde la
diferencia entre forma *simple* (utilizaremos el término simple en
lugar de no pronominal a partir de ahora) y forma *pronominal*
es exclusivamente léxica, al menos en apariencia. En todos los
casos que señalemos en esta segunda parte aparece cualquiera de
los elementos del paradigma pronominal (a pesar de ello, en los
títulos de los diferentes capítulos seguiremos hablando de *se*).

2.   Veamos en primer lugar el uso de *se* con los verbos llamados de «movimiento». Y dentro de éstos consideremos primero los
intransitivos. La mayor parte de estos verbos implican, por su
significado, un punto de destino y un punto de origen (un «a donde»
y un «de donde», respectivamente); los complementos correspondientes pueden estar explícitos o no, pero eso no es obstáculo
para que dicha implicación resulte básica en el comportamiento
de estos verbos. Comentemos algunos de ellos.

a)   IR.
La afirmación, sin más, de que este verbo puede ser o no
pronominal es claramente insuficiente, porque hace pensar en un

uso opcional del pronombre en cualquier circunstancia, lo cual no es cierto. Pensemos, como primer ejemplo, en una situación muy simple: si alguien que está en una reunión se marcha y quiere referirse sólo a ese hecho, tiene que decir obligatoriamente *Me voy*, y no *Voy;* si quiere usar esta última forma tendrá que decir algo así como *Voy al jardín*, *Voy a salir*, etc. Esto nos demuestra que no existe la opcionalidad total y nos hace ver la necesidad de encontrar el criterio diferenciador.

Ese criterio puede ser el siguiente: la forma simple se relaciona fundamentalmente con el complemento de destino, con el «a donde»; la forma pronominal, por el contrario, se relaciona sobre todo con el complemento de origen, con el «de donde». Por otro lado, la forma simple es la más «neutra» (la «no marcada»), de modo que en los casos en que el verbo queda reducido a la pura expresión del movimiento y las ideas de destino y origen se diluyen, sólo puede usarse ella. De acuerdo con lo anterior, la utilización de las dos formas es así:

1) se usa únicamente *ir:*
   — en perífrasis (en las que el verbo se convierte en un casi auxiliar):

   — Va vestido de mala manera.
   — Va diciendo tonterías por ahí.
   — Va descalzo por todo el pueblo.
   — Voy a estudiar.

Observación

Voy a estudiar puede tener sentido perifrástico ('me dispongo a comenzar la acción de estudiar') o no ('voy a casa de mi amigo a estudiar'), mientras que *Me voy a estudiar* excluye totalmente el valor perifrástico. En oraciones como *Me voy a doctorar* 'tengo la intención de doctorarme', *me* va con el infinitivo aunque aparezca colocado en principio de la oración, según costumbre muy frecuente en español.

   — cuando prevalece absolutamente la idea de destino:

   — ¿Irás al teatro mañana?
   — He decidido no ir más a su casa.

Observación

Téngase en cuenta que la idea de destino puede actuar aunque no esté expresa; así se explica el uso frecuentísimo de las expresiones *¡Ya va!* y *¡Ya voy!* cuando, por ejemplo, llaman insistentemente a la puerta, o nos piden que hagamos algo cuya realización vamos a demorar un instante, etc.

2) se usa únicamente *irse*:
    — si sólo importa la idea de origen:

> — Me voy *(de aquí)*.
> — Me fui de casa cuando tenía quince años.
> — Me iré de Sevilla el 3 de octubre.
> — El buen tiempo se va ya.

Nótese que en los ejemplos primero y último el complemento de origen no está expreso (y se entiende entonces 'de aquí').

3) hay, por supuesto, muchas situaciones en que la diferencia se neutraliza o, mejor dicho, en que es irrelevante para los participantes en la comunicación poner el énfasis en uno de los dos complementos; en esos casos se utilizan indistintamente las dos formas:

> — Voy a Barcelona el mes que viene. / Me voy a Barcelona el mes que viene *(si uno quiere referirse simplemente al viaje que piensa hacer; vid. la observación que viene después)*.
> — Este verano iremos a la playa. / Este verano nos iremos a la playa.

Observación

Que la forma pronominal ponga el énfasis en el «de donde» —es decir, en el lugar que se abandona— explica su uso obligatorio cuando el movimiento tiene como consecuencia una falta prolongada del lugar de origen, un traslado o cambio de residencia, etc.

b) VENIR.

De sentido contrario al anterior, este verbo implica igualmente los complementos de origen y de destino. Pero entre ellos hay una diferencia importante: *ir* puede utilizarse independientemente de la ubicación del hablante: alguien que no esté ni en Sevilla ni en Bilbao puede decir *Juan (se) fue de Sevilla a Bilbao;* por el contrario, *venir* implica que el hablante está en el lugar de destino del movimiento: de modo que sólo podrá decir *Juan (se) vino de Sevilla a Bilbao* si se halla en Bilbao.

Observación

El lugar en que el hablante se siente situado puede resultar ampliado; por ejemplo, sin necesidad de encontrarse en la ciudad española de que se habla, alguien puede decir *Pedro se ha venido de Alemania a Bilbao:* el *ubi* ampliado del hablante es en este caso el país (o sea, España).

El criterio de uso de las dos formas es el mismo que hemos señalado para el verbo *ir:* la forma pronominal se relaciona sobre todo con el complemento de origen; la forma simple, con el de destino (que es siempre el lugar del hablante).

1) Se usa *venir:*
— con las perífrasis:

— Viene vestido de mala manera.
— Vino charlando todo el viaje.
— Ese piso vendrá a costar unos dos millones de pesetas.
— ¡Ahora vienes a comprender mi actitud!

— con sujeto de cosa:

— Ya viene el buen tiempo.
— El cólera vino de Italia.
— El equipaje vendrá por tierra.

2) Se usa *venirse:*
— cuando se impone la idea de origen (como con este verbo, de acuerdo con lo dicho, es difícil prescindir de la idea de destino, el énfasis en el origen se traduce normalmente en un abandono más o menos definitivo de dicho lugar):

— Se vino de Siria huyendo de la guerra.
— Manuel se ha venido rico de América.

3) También con este verbo la mayor parte de la oraciones pueden llevar o no el pronombre, según la intención del hablante; la neutralización, sin embargo, se produce con mucha menos frecuencia. He aquí una serie de parejas de ejemplos:

— Vino a Barcelona. / Se vino a Barcelona.

Se utiliza preferentemente la primera si lo que quiere señalarse es el hecho de la llegada a Barcelona; la segunda, cuando se trata de un abandono total o casi del lugar de origen para instalarse en Barcelona.

— Vino a Barcelona de representante *(y hoy es director de la empresa)*. / Se vino a Barcelona de representante *(porque en Bilbao le iban mal las cosas)*.
— Ha venido enfermo del trabajo. / Se ha venido enfermo del trabajo.

La segunda oración implica obligatoriamente que el sujeto ha abandonado el trabajo antes de lo normal; la primera, no.

— Ha venido del seminario. / Se ha venido del seminario.

La segunda significa que ha abandonado los estudios que realizaba en el seminario.

c) SALIR.

El criterio es el mismo también con este verbo: *salirse* enfatiza el punto de origen, el lugar que se abandona, que se deja. Por eso usamos la forma simple cuando se trata de indicar meramente la acción de salir:

— El tren sale a las cinco.
— Saldremos de viaje muy temprano.
— El agua sale del grifo con mucha fuerza.

Salirse, como hemos dicho, se usa cuando lo principal es abandonar un sitio:

51

— Se enfadó con el camarero y se salió del bar.
— La botella se ha roto y el vino se está saliendo.
— Me salí del cine a mitad de la película.

Una misma situación puede ser enfocada de los dos modos:

— Juan salió del local *(porque quería estar fuera).* / Juan se salió del local *(porque no quería estar dentro).*

Observación 1

Salirse de seguido de un complemento que indique profesión (o el establecimiento donde ésta se adquiere) significa 'abandonar esa profesión':

— Se ha salido de militar.
— Se ha salido del convento.

Véase el contraste entre las dos oraciones siguientes: *Antonio salió del Seminario a los veinticuatro años* será interpretada, salvo indicación clara de la situación en otro sentido, como una referencia a la terminación total de los estudios por parte de Antonio; *Antonio se salió del Seminario a los veinticuatro años* significará su salida antes de terminar los estudios.

Observación 2

Hay que señalar el uso de *salirse* con sujetos constituidos por los nombres de los recipientes de cuyo interior se sale o escapa el contenido, normalmente líquido:

— Este cacharro se sale.
— Nos dimos cuenta de que la bombona se salía.
— Este grifo va a empezar a salirse de un momento a otro.

d) ENTRAR.

De significado opuesto al de *salir*, este verbo es de un uso pronominal mucho más escaso; W. E. Bull cita ejemplos (como *A pesar de la policía, la gente se entraba)* e igualmente S. Babcock (como *El animal corrió y se entró en la madriguera;* vid. las obras de

52

estos autores en la bibliografía) cuya aceptabilidad nos parece dudosa; creemos que, por lo menos en la Península, oraciones de este tipo son más bien escasas. Más normales parecen oraciones como *La felicidad se nos entraba por las ventanas* (citada por M. Moliner), muy cercanas a las que hemos llamado medias.

e) MARCHAR.

Uso semejante al de *ir*. La forma pronominal requiere igualmente, explícito o no, un complemento de origen (lugar de donde):

— Me marcho *(de aquí)*.
— Se marchó sin decir nada.
— Juan se marchó de la casa.

Si sólo se indica el movimiento, implicando la idea de dirección (expresa o no), se usa la forma simple:

— Juan marchaba hacia las montañas.
— El tren marcha lentamente.

f) CAER.

Implica también los dos complementos y su uso básico parece responder al mismo criterio: *caerse de* vs. *caerse a*. Esta oposición se realiza en una casuística algo más compleja.

1) Usamos *caer*:
— cuando la caída es consecuencia de un movimiento voluntario:

— Cayó de rodillas ante mí.
— Salté del avión y durante unos segundos caí en picado.

— cuando se trata de algo que es lanzado:

— La bomba cayó muy lejos del objetivo.
— Agarraron a Juan entre cuatro y lo tiraron; cayó en un macizo de flores.

— cuando el verbo se utiliza en sentido figurado:

— Sus tíos cayeron en la batalla del Ebro.
— No caímos en la tentación.

— ¿Has caído en la cuenta?
— Mi cumpleaños cae en domingo.

— cuando se impone la idea de lugar «a donde»:

— El avión ha caído por aquí.
— Se ha tirado por la ventana y ha caído al agua.

2) Usamos *caerse:*
    — cuando se impone la idea de lugar «de donde»:

— Juan se cayó del árbol.
— El libro se cayó de la mesa.

Observación 1

De la oposición básica surgen diferencias secundarias de sentido. Veamos algunas. *Le empujaron y cayó al agua* favorece la interpretación de que le empujaron para arrojarlo al agua; *Le empujaron y se cayó al agua* suele utilizarse cuando la caída al agua es consecuencia fortuita del empujón. La misma interpretación sirve para *Si tocas la estantería se caerán todos los libros* y *Bastará un soplo de aire para que se caigan todas las copas.* Y por lo mismo, quien va por la calle no «cae», sino que «se cae»: *Me he caído al salir de tu casa, ¡Cuidado, que te vas a caer!*

Observación 2

Cuando se usa un complemento que indique la posición de la caída también se produce una diferenciación: la forma simple alude sobre todo a la posición que se tiene cuando la caída termina: *Caí de espaldas* 'di con las espaldas en el suelo', mientras que la pronominal apunta especialmente a la posición en que se inicia la caída: *Me caí de espaldas* 'caí hacia atrás'.

g) VOLVER.

Como los demás verbos de movimiento que hemos citado, *volver* implica un destino y un origen, pero con la particularidad de que el punto de destino ha tenido que serlo antes de origen, y viceversa; en *volver*, pues, hay implicados un 'ir' y un 'venir'. Y en este hecho descansa el criterio que preside su uso: cuando se utiliza *volverse* se considera que el movimiento de ida y el de venida constituyen un todo continuo, sin solución de continuidad; con *volver*, ida y venida son dos acciones con solución de continuidad. Obsérvese el siguiente ejemplo:

> — Se volvió a mitad de camino. / *Volvió a mitad de camino *(que sólo sería posible si el lugar al que se volvió fue precisamente* la mitad del camino).

En realidad el criterio mencionado no es sino una especialización del indicado para los otros verbos: *volverse*, al concebir el movimiento como un todo, enfatiza el punto de giro, de cambio de dirección del movimiento, es decir, lo que es complemento de origen de la parte del movimiento explícitamente indicada por el verbo; *volver*, al implicar un corte entre las dos acciones, pone de relieve sobre todo el complemento de destino del movimiento expresamente indicado.

Por eso es perfectamente normal una oración como *Se volvió desde Barcelona*, en tanto que no lo es *Volvió desde Barcelona* (a no ser que se añada algo así como *en avión,* con lo cual se entiende que hasta Barcelona había utilizado otro medio de locomoción, y se justifica ya el sentido de acción interrumpida que confiere *desde)*.

Igualmente se explican:

> — El buen tiempo volverá.
> — Volverán las oscuras golondrinas.
> — No volveré más a este pueblo.

Observación

Volver puede usarse como transitivo: *El hombre volvió la cabeza, Volví el periódico*, etc., y esto hace que aparezca a veces como reflexivo: *El hombre se volvió* ('giró, dio la vuelta'), *El hombre se volvió la solapa y enseñó la placa de policía*, etc.

h) ESCAPAR

Como en casos anteriores, con la forma pronominal se impone el complemento de origen *(escaparse de)*. Ejemplos:

— Los presos se han escapado.
— El gas se escapa.
— Se escapó de su casa a los quince años.

Ejemplos con *escapar:*

— Ha escapado lejos de aquí.
— Ha escapado a mi vigilancia.
— Escapará a la acción de la justicia.

3. La consideración de los verbos anteriores nos permite extraer algunas conclusiones:

a) el uso de la forma pronominal no es, en la mayor parte de los casos, algo que dependa caprichosamente de la voluntad del hablante —que tiene, por supuesto, libertad para escoger lo que quiere decir; pero debe decirlo con los moldes que la lengua le ofrece—: el español es rico en usos pronominales que no presentan, sin embargo, un estado tan caótico como podría deducirse de la observación de casos aislados;

b) con los verbos intransitivos de movimiento, el uso de la forma pronominal está relacionado con hechos de la estructura sintáctica (expresos o no);

c) concretamente, el pronombre establece un lazo especial entre el sujeto y el lugar «de donde», el complemento de origen del movimiento;

d) de este lazo especial derivan efectos secundarios de sentido, que dependen mucho del contexto (lingüístico o no) y que deben ser recogidos en el léxico o diccionario.

4. También algunos verbos transitivos de movimiento aparecen en forma simple o pronominal; y tampoco en ellos el uso es caprichoso.

a) LLEVAR.

Llevar implica obligatoriamente el complemento de destino *(llevar a)*, mientras que *llevarse* implica obligatoriamente el de origen *(llevarse de)*. Pensemos en una situación concreta: alguien dice *Este chisme está estorbando aquí; Me lo llevaré* es una contestación posible y completa, no así *Lo llevaré* (que requiere el complemento: *al campo*, etc.; en *Me lo llevaré* el complemento de origen, *de aquí*, está implícito).

Observación

De esta diferencia básica derivan efectos especiales de sentido, que afectan, como siempre, a la forma pronominal; *llevarse* llega a significar algo así como 'arrebatar, robar': *El ladrón se llevó los relojes;* compárense

> — El agua del río lleva ramas y troncos (llevar *aquí es sólo arrastrar*). / El agua del río se lleva ramas y troncos (llevarse *es aquí arrancar y arrastrar*).

Las diferencias a veces son más:

> — Llevaré la ropa corta: 1) *'la trasladaré a algún lugar';* 2) *'usaré para vestirme ropa corta'.* / Me llevaré la ropa corta: 1) *'la quitaré de aquí';* 2) *'la robaré'.*

b) TRAER.

De significado contrario a *llevar*, el criterio de diferenciación es el mismo, aunque con *traer* funciona con menor nitidez: *traer* implica destino *(traer a)*, *traerse* implica origen *(traerse de)*. La menor claridad aludida obedece al hecho de que *traer* —como *venir*— presupone un destino obligado: el lugar donde está ubicado el hablante.

> — Trae el reloj. / Tráete el reloj.

Coinciden en el destino: *aquí*. La diferencia es que la segunda oración implica un origen. De ahí que *traerse* llegue a significar 'traer algo arrebatándolo, robándolo, etc.': *Me traje los papeles* (que no querían darme), o 'traerlo con disimulo, etc.': *Me traje los papeles* (sin que se dieran cuenta).

Cuando el origen no existe o queda muy en segundo plano, sólo puede usarse la forma simple:

— El tiempo trae estas cosas.
— El inmovilismo trae malas consecuencias.
— Su actuación nos traerá complicaciones.

Observación 1

Repárese en el estricto paralelismo entre los intransitivos *ir*, *venir*, y los transitivos *llevar*, *traer*. Ejemplos:

— Me voy. / Me lo llevo.
— Me voy al campo. / Me lo llevo al campo.
— Voy al parque./ Lo llevo al parque.
— Me voy de Málaga. / Me lo llevo de Málaga.
— Vendré temprano. / Lo traeré temprano.
— Me vengo a Málaga. / Me lo traigo a Málaga.
— Ha venido de Francia. / Lo ha traido de Francia.

Observación 2

En el capítulo IV, párrafo 5, hemos expuesto nuestra opinión de que los verbos transitivos de movimiento *(acercar, alejar, apartar*, etc.) deben ser incluidos entre los reflexivos, a pesar de que la doble faceta agente y paciente no sea perceptible de modo diferenciado. En algunos casos el español posee, junto a ésos, otros verbos o expresiones que enfocan la misma acción centrándose sólo en el papel agente del sujeto (verbos o expresiones intransitivas). He aquí un ejemplo:

— Me senté. / Senté al niño.
— Tomé asiento. / *Tomé asiento al niño *(inviable porque la expresión es intransitiva)*.

En otros casos la doble posibilidad se realiza con la misma unidad léxica, con el mismo verbo; así ocurre, precisamente, con algunos de movimiento: la acción puede entenderse como transitiva o como intransitiva:

- — Lo subí al árbol *(transitiva).* / Me subí al árbol *(reflexiva).* / Subí al árbol *(intransitiva).*
- — Lo bajé del árbol. / Me bajé del árbol. / Bajé del árbol.

VI

«SE» CON VERBOS TRANSITIVOS

1. En este capítulo estudiamos algunos verbos transitivos que, sin dejar de serlo —es decir, conservando su objeto directo—, pueden usarse en forma pronominal. También conviene insistir desde el principio en que en estos casos la presencia o ausencia del pronombre no es, como explícita o implícitamente se acepta en muchas ocasiones, completamente caprichosa. Trataremos de mostrarlo en lo que sigue.

2. La doctrina tradicional sobre este uso —del que iremos viendo muchos ejemplos— puede resumirse en estas palabras de uno de los autores que ha estudiado el problema: «Sin el "se", esos verbos expresan simplemente una acción transitiva (...); con el "se", esa acción se refuerza considerablemente, y resulta aplicada con intensidad al sujeto. Este va efectuando esa acción para sí, con más o menos lentitud. (...) Este "se" dirige la acción al sujeto como algo íntimo y duradero, de modo que su significación... es "para su ser", "para su individuo" (N. Alonso Cortés, págs. 16-17; vid. bibliografía).

3. Esta opinión encierra su parte de verdad, localizada en las referencias al refuerzo de la acción y a su aplicación intensa al su-

jeto. Las demás notas o características aducidas pueden servir, como mucho, para describir lo que ocurre realmente en algunos casos, pero no encierran nada esencial.

Creemos que se trata, también aquí, de una explotación de la que hemos llamado «construcción media», cuya finalidad es convertir al sujeto de una oración en objeto de la misma —sin que adquirir esta función signifique abandonar aquella. Adelantemos un ejemplo. Tenemos tres oraciones con verbo transitivo en forma simple:

> — Ayer comí muy bien.
> — Ayer comí paella.
> — Ayer comí una paella y un filete asado.

¿Qué es lo común en los tres casos? Que el sujeto es presentado meramente como agente de la acción de comer —acción que, en sí, es siempre la misma. Supongamos ahora que queremos lograr un valor especial con la inclusión del pronombre:

> — *Ayer me comí muy bien (*sólo sería correcta entendida como reflexiva, caso evidentemente no probable).
> — *Ayer me comí paella.
> — Ayer me comí una paella y un filete asado.

¿Por qué el valor especial sólo es posible con la tercera oración? Si el valor especial consistiera solamente en efectuar la acción para sí, o con mayor o menor lentitud, no se comprende por qué no puede lograrse en los dos primeros casos. La razón está en que se necesita un objeto determinado, porque lo que se «enfatiza», lo que adquiere un valor especial es la relación entre el sujeto y un objeto determinado. La oración *Ayer comí paella* representa una acción muy concreta, muy determinada como tal acción, pero el objeto atiende esencialmente a la «calidad» de lo comido, no a su realidad concreta. El recurso que la lengua utiliza para poner de relieve esa relación sujeto-objeto es duplicar la referencia al sujeto, presentándolo como otro objeto. Como veremos en los numerosos ejemplos que siguen, la relación mencionada se traduce en variados efectos de sentido.

4. Vamos a estudiar el comportamiento de una serie de verbos agrupándolos por su significado. La lista, por supuesto, no es completa, pero creemos que sí suficientemente amplia. Una característica común podemos adelantar aquí, aunque en realidad ya la hemos mencionado: para que se utilice la forma pronominal es necesario que la oración tenga objeto directo determinado.

A) Verbos que significan 'ingerir alimentos sólidos o líquidos': *almorzar, cenar, comer, desayunar, engullir, merendar, tomar* ('beber'), *tragar* y otros; puede añadirse *fumar*.

Como explicación y como ejemplo del funcionamiento de estos verbos puede servir lo dicho en el párrafo anterior sobre *comer;* todos, en efecto, se comportan igual.

Observación

El caso que merece comentarse es el del verbo *desayunarse*. Debería pertenecer al grupo de los obligatoriamente pronominales (vid, apéndice II), pues significa 'dejar de estar en ayunas'. Lo decisivo en el cambio ha sido creer que *desayunar* significa, como los otros verbos de su mismo campo, 'hacer una comida a determinada hora del día'; la consecuencia ha sido la atracción al régimen de esos otros verbos. Así es cada vez menos frecuente hoy decir *Ya me he desayunado, ¿Aún no te has desayunado?*, que responden al uso etimológico, por la prohibición de oraciones como * *Ya me he cenado*, etc.

B) Verbos que significan procesos mentales: *aprender, conocer, creer, imaginar, saber, suponer, temer* y otros.

B1) APRENDER, SABER.

Se atienen al principio general. Comentaremos algunos casos.

— Aprendió inglés muy pronto.
— Ese sabe geografía.

Sólo *aprender* porque el objeto directo no está determinado.

— ¿Qué aprendiste en el colegio? —No aprendí nada.
— ¿Quién ha venido? —No lo sé.

El carácter negativo total de la respuesta en un caso y el desconocimiento del antecedente en otro se traducen en la indeterminación del objeto directo.

La forma pronominal se ha especializado para indicar un esfuerzo voluntario y concreto; por eso, a un estudiante le preguntaremos *¿Te sabes la lección? | ¿Te has aprendido la lección?*, y su respuesta podría ser *No me la sé. | No me la he aprendido.* Precisamente por lo contrario se utiliza la forma simple en oraciones como *Aprenderé muchas cosas en ese viaje, Sabrás muchas cosas después de ese viaje.*

B2) CONOCER.

En este caso la diferencia fundamental es de significado; *conocerse* es algo así como 'comprender el sentido real de algo, calar por debajo de las apariencias, etc.'. De aquí que no pueda usarse en frases negativas totales: *¿Qué te parece este libro? —No lo conozco* (no puede usarse *No me lo conozco*). Tampoco puede utilizarse la forma pronominal cuando significa 'trabar relación': *Conocí a un músico, Conozco a tu hermano.* Ninguna de las dos suele usarse cuando el objeto directo debería ser una oración subordinada.

B3) CREER.

La oposición entre forma simple y forma pronominal se refleja igualmente en diferencias de sentido que en el uso real de la lengua aparecen muy mezcladas. Creemos que la situación básica es como sigue:

Creer con preposición significa 'tener fe o confianza en algo o alguien'; no hay uso equivalente con *creerse*: *Creo en Dios, Creo en la buena voluntad de la gente.*

Con objeto nominal, *creer* significa 'aceptar como verdadero (normalmente algo que nos dicen)'; *creerse* añade la nota de aceptación irreflexiva: *¿Has creido sus palabras | ¿Te has creido sus palabras?* Repárese en la expresión *Se lo ha creido* (o *Se lo tiene creido*) para indicar que una persona se sobrevalora a sí misma. Y en el matiz resultante de 'haber sido engañado': *Fui tan tonto que me lo creí* (y resulté engañado).

Con objeto oracional *creer* es 'suponer, tener una opinión'; *creerse* es 'aceptar algo como cierto, verdadero': *Creo que han subido los precios. | Me creo que han subido los precios.*

Como hemos indicado al comienzo, esta situación básica aparece muy enmascarada en ocasiones en el uso real. Así, por ejemplo, *Se creyó que le iban a dar el empleo* no sólo se usa para indicar que el sujeto cree a quien así se lo afirma, sino también para expresar su suposición confiada en la obtención del empleo.

B4) TEMER.

Temer es otro verbo cuyo uso pronominal o no tampoco parece fácilmente separable. Las diferencias y relaciones entre las dos formas pueden resumirse en las observaciones siguientes:

Temer tiene dos significados: 'tener miedo' y 'sospechar que pueda producirse algo desfavorable, no deseado, etc.'; *temerse*, sólo el segundo (a no ser, por supuesto, que se utilice como reflexivo o recíproco: *Me temo a mí mismo. | Se temen los unos a los otros*).

Temer admite complementos nominales con o sin *a: Temen mucho al jefe. | Temo a las consecuencias; temerse*, normalmente no.

Temer puede aparecer en la estructura *le ... a que ...: Le temo a que Juan venga; temerse*, no.

Con complemento oracional introducido por *que, temer* y *temerse* alternan con el significado 'sospechar que pueda producirse algo desfavorable, no deseado, etc.' (aunque *temer* más subjuntivo pueda tener a veces el significado 'tener miedo': *Temo que perdamos la eliminatoria)*, sin que el uso parezca sujetarse a normas, a no ser la de una leve diferencia de énfasis a favor de la forma pro-

65

nominal: *Temo que perderemos la eliminatoria / Me temo que perderemos la eliminatoria; Temo que Juan vendrá / Me temo que Juan vendrá.*

C) Verbos *ganar, gastar y vender.*

C1) VENDER.

La forma pronominal sólo aparece en circunstancias en que la ponderación o énfasis son muy patentes: *En la tienda me vendo por lo menos diez trajes al día; ¿Qué no vendo el coche?, ¿Qué te apuestas a que me lo vendo antes de una de una semana?* La forma simple haría desaparecer el sentido de ponderación o énfasis.

C2) GANAR.

Ganar significa 'alcanzar o conseguir una cosa directamente buscada':

— Ha ganado un premio literario.
— Han ganado las oposiciones.
— Ganaron la cumbre del Everest.
— Ganó la ciudad de Valencia.

Ganarse es 'adquirir o alcanzar algo indirectamente':

— Se ha ganado un premio *(cuando no estaba previsto darlo).*
— Te ganarás un palo por incordiar.
— Bien se ha ganado lo que le han pagado.

La diferencia indicada explica también que digamos *Juan gana* 15.000 *ptas. al mes* si queremos referirnos a un sueldo estipulado, establecido, normal, etc., mientras que solemos decir *Juan se gana* 15.000 *ptas. al mes,* cuando se trata de ingresos extras, o eventuales, o conseguidos al margen del sueldo normal, etc. Como en casos anteriores, conviene recordar que el uso real ofrece muchas muestras de neutralización de la diferencia mencionada.

C3) GASTAR.

Gastarse puede usarse en construcciones medias:

— La vela se gasta muy deprisa.
— Juan se ha gastado mucho en los últimos tiempos.

Por otro lado, *gastar* admite sujetos inanimados, mientras que *gastarse* no:

— Esta cafetera gasta menos café.
— El agua gasta las rocas del acantilado.

En los demás casos la diferencia es de énfasis:

— (Nos) gastamos el sueldo en bagatelas.
— (Se) gasta un genio fatal.

D) Verbos *apostar, jugar.*

D1) APOSTAR.

Tiene dos significados: 'situar en algún sitio' (con este significado lo hemos comentado entre los reflexivos) y 'jugarse algo con determinado motivo', que es el que nos interesa ahora. La forma *apostarse* pone de relieve la nota de riesgo, de arriesgar algo: ésta es la diferencia entre *He apostado mil pesetas a ese número* y *Me he apostado mil pesetas a ese número.*Como nota subsidiaria aparece, en las circunstancias apropiadas, la de insistir o hacer referencia a la persona o personas «en contra» de quienes se hace la apuesta: *Apuesto contigo lo que tú quieras* puede ser 'en tu compañía' o 'contra tí'; *Me apuesto contigo lo que tú quieras* favorece el sentido 'contra tí'.

D2) JUGAR.

También tiene dos significados: 'practicar algún juego, etc.' y 'apostar'; con cualquiera de ellos puede aparecer la forma pronominal (aunque el *Diccionario* de la Academia no la cite). Con el segundo significado tiene un comportamiento análogo al de *apostar;* por eso, si nos referimos a un hecho pasado y queremos poner de relieve lo valioso de lo que se perdió. decimos *Se jugó la casa en que vivía*, y no **Jugó...;* o *Si haces eso te juegas el porvenir.*

67

¿Qué te juegas a que pierdes el tren?, *¿Qué te juegas?* (para incitar a alguien a apostar).

Con el primer significado la forma pronominal parece tener su reflejo en el énfasis puesto en la nota 'competencia', es decir, en 'jugar contra'; así, por ejemplo, si queremos resaltar la labor individual de un jugador diremos que *Jugó un partido sensacional* y no **Se jugó...;* por el contrario, si queremos insistir en la idea de jugar unos contra otros diremos normalmente *Se jugaron un partido sensacional* (que no sería una oración recíproca).

E)   Verbos *encontrar, esconder.*

E1)   ENCONTRAR.

La oposición *encontrar / encontrarse* responde, en el plano semántico, a la diferencia entre 'encontrar algo que se busca' y 'encontrar algo casualmente'. Eso explica que en los casos siguientes sólo pueda emplearse la forma simple:

— No encuentro ese pueblo en el mapa.
— Ya he encontrado piso.
— No le encuentro solución al problema.
— Le encuentro un profundo sentido a lo que dice.

En los ejemplos siguientes es admisible cualquiera de las interpretaciones y por eso pueden alternar las dos formas:

— (Me) he encontrado muchos errores en el libro.
— No (se) ha encontrado ningún obstáculo en su camino.
— (Me) lo encontré en la calle.

E2)   ESCONDER.

Esconderse, aparte de su uso como reflexivo *(Me escondí debajo de la cama)*, lleva sujeto animado y significa 'ocultar algo en el cuerpo, vestiduras, etc.': *Me escondí el reloj, Se escondió la cápsula debajo de la lengua.* Fuera de estos casos se utiliza la forma simple:

— Escondí el reloj en el cajón.
— Este suelo esconde muchos yacimientos.
— Esa sonrisa esconde mala intención.

5. El hecho sintáctico que aglutina todos los usos pronominales comentados en el párrafo anterior es la inserción de un pronombre que representa al sujeto de la oración. El hecho semántico general concomitante es el establecimiento de una relación especial entre el sujeto y el objeto directo de la oración. Este hecho semántico general se traduce en el habla en una larga y variada serie de efectos de sentido, como hemos podido comprobar en los verbos estudiados —que son sólo una parte de los que presentan estas características. La determinación de todos esos efectos peculiares de sentido es algo que tiene su lugar en el estudio del léxico mejor que en el de la sintaxis. A ésta le basta señalar la relación entre un hecho de construcción y un hecho general de sentido.

VII

«SE» CON VERBOS INTRANSITIVOS

1. Hay también una serie bastante larga de verbos intransitivos (o con usos sólo muy excepcionalmente transitivos) que aparecen en forma pronominal. El reflejo más inmediatamente perceptible de la alternancia con la forma simple es igualmente alguna diferencia, mayor o menor, en el plano del significado. El hecho sintáctico es el mismo que hemos visto con los verbos transitivos (capítulo VI): aparece un pronombre que introduce al sujeto en el predicado en calidad de objeto. El hecho semántico básico no puede, sin embargo, ser el mismo, porque con estos verbos no hay un objeto directo cuya relación con el sujeto se enfoque de modo especial; aquí se trata de la relación sujeto-verbo, que en los casos de menor diferenciación se traduce en una idea de énfasis y en los de mayor en la existencia de significados distintos.

2. Entre los verbos que presentan esta posibilidad tenemos:

a) DORMIR.
    La relación aludida se traduce con este verbo en significados diferentes (o, como se ha dicho en ocasiones, en aspectos distintos del mismo significado): *dormir*, 'estar durmiendo'; *dormirse*,

'empezar a dormir, quedarse dormido'. Por eso en los casos siguientes sólo puede aparecer la forma simple:

— Tú dormirás en la habitación de arriba.
— El sábado dormimos en el hotel Península.

Por lo mismo en estos otros hay que utilizar obligatoriamente la forma pronominal:

— Se dormirá enseguida.
— Ese se duerme en cualquier sitio.
— Cuando la película es mala me duermo.

b) ESTAR.

El verbo *estar* indica, ya en forma simple, la 'permanencia' (con multitud de matices que no hace al caso especificar ahora); cuando aparece en forma pronominal indica una insistencia en el permanecer, en el quedarse, sobre todo cuando se trata de localización espacial o de permanencia en una actitud física:

— Se estuvo fuera mientras hablábamos.
— Se estará con nosotros una semana.
— Se estuvo de pie toda la función.

En todos estos casos es posible la forma simple, que significaría la mera permanencia. El énfasis puede a veces reflejarse en una permanencia voluntaria: *Se estuvo de pie para que se notara su disconformidad*. El imperativo, al acentuar la idea de permanencia, requiere igualmente la forma pronominal: *¡Estaos quietos!*

c) MORIR.

En el caso de *morir* / *morirse* la diferencia es igualmente de énfasis:

— Murió el año pasado. / Se murió el año pasado.
— Ha muerto sin recobrar el conocimiento. / Se ha muerto sin recobrar el conocimiento.

72

Esta diferencia de énfasis en la relación sujeto-verbo lleva a la especialización de una u otra forma en contextos apropiados: *morir* cuando la muerte es producida por causa violenta, accidente, etc.:

— Murió en la guerra.
— Ha muerto abrasado en el incendio.

Morirse cuando se hace referencia a la prolongación del momento en que van desapareciendo los signos vitales:

— Está muriéndose desde hace tres días.
— El médico ha dicho que se muere sin remedio.

La diferencia parece perfecta en los usos figurados del verbo: si el sujeto es humano se usa *morirse*:

— Se muere de vergüenza.
— Se moría de risa.
— Se muere por una moto.

Si es no humano se usa *morir*:

— Aquí muere el curso del río.
— Esta carretera muere un poco más allá del pueblo.

d) QUEDAR.

Es un verbo con muchos sentidos. *Quedarse* queda excluido en los siguientes significados:

— 'comportarse': Quedó como un señor.
— 'acordar': Quedamos en vernos a las siete.
— 'estar situado': El prado queda más allá.
— 'haber todavía algo': No queda azúcar.
— 'faltar': Quedan diez minutos para la salida.

Por el contrario es forma obligatoria en los significados:

— 'conservar en su poder': El camarero se quedó con la vuelta.
— 'adquirir': Me quedaré con ese local.

— *'permanecer en un lugar'*: Se quedó en la puerta. ¡Quédate ahí! Se quedará con nosotros tres días.

Con valor atributivo y con complemento preposicional (no de lugar) la diferencia es de énfasis:

— (Se) quedó cojo.
— El asunto (se) quedó acordado.
— El viaje (se) ha quedado en proyecto.
— (Se) han quedado en la miseria.

3. En la segunda parte de nuestro trabajo hemos estudiado los que tradicionalmente son llamados verbos «pronominales» (aunque la equivalencia no es del todo exacta). Para explicar el uso de la forma pronominal hemos aducido hechos sintácticos (puesto que son hechos que atañen a las relaciones que se establecen entre los elementos integrantes de la oración): relación entre el sujeto y el complemento de origen, el lugar «de donde», en los verbos de movimiento; entre el sujeto y un objeto directo determinado en algunos verbos transitivos; entre el sujeto y el verbo con algunos intransitivos. En los tres grupos hemos señalado que este hecho básico, logrado con la inserción del sujeto en el predicado mediante el pronombre correspondiente, se traduce en el discurso en una larga serie de sentidos más o menos diferenciados. También hemos indicado que estos sentidos tienen su lugar en el diccionario y no en la sintaxis. Es en el diccionario —impreso o vivo: los hablantes, el uso diario de la lengua—, por tanto, donde deben ser aprendidos. Nosotros, siguiendo el carácter práctico de la colección, hemos hecho algunos comentarios de este tipo en la creencia de que podrán ser útiles, sobre todo, a los estudiantes extranjeros. Pero debe quedar claro que ni la lista de verbos de cada grupo está completa, ni el comentario de cada uno de ellos ha sido exhaustivo.

APENDICES

I

El tipo de *se* que mencionamos aquí está muy alejado de los demás: se trata del *se* que aparece en las secuencias *se lo, se la, se los, se las,* en las que funciona como objeto indirecto, o sea, equivale funcionalmente a *le, les* (su origen histórico es el mismo, como es bien sabido):

— Sus padres le han comprado un reloj.

pasa, al realizarse la pronominalización del objeto directo, a

— Sus padres se lo han comprado.

O: *Les dijimos la verdad* ⟶ *Se la dijimos.*

En esquema:

$$
\left.\begin{array}{l} \text{*le lo} \\ \text{*le la} \\ \text{*le los} \\ \text{*le las} \end{array}\right\} \rightarrow \left\{\begin{array}{l} \text{se lo} \\ \text{se la} \\ \text{se los} \\ \text{se las} \end{array}\right.
\qquad
\left.\begin{array}{l} \text{*les lo} \\ \text{*les la} \\ \text{*les los} \\ \text{*les las} \end{array}\right\} \rightarrow \left\{\begin{array}{l} \text{se lo} \\ \text{se la} \\ \text{se los} \\ \text{se las} \end{array}\right.
$$

Obsérvese que no hay posibilidad formal de diferenciar singular y plural: *Se lo dijimos* (a él, a ella, a ellos o a ellas); tampoco, por supuesto, masculino y femenino (como ya ocurre con *le, les*).

77

En casos de leísmo puede aparecer la secuencia *se le: Se le enseñé* (en lugar de *Se lo enseñé*).

Por otro lado, las secuencias anteriores pueden aparecer en español por otros motivos: *Se comió entero el pollo* pasa, mediante pronominalización, a *Se lo comió entero.*

II

Mencionamos aquí el hecho de que una serie de verbos del español sólo se usa actualmente en forma pronominal. Sea cual sea la razón de este hecho, lo cierto es que corresponde al al diccionario recogerlos, es decir, se trata de un asunto léxico.

En las gramáticas suelen citarse como verbos de este tipo *arrepentirse, atreverse, jactarse, quejarse,* pero la lista puede ampliarse fácilmente; he aquí algunos, sacados del diccionario sólo de entre los que comienzan por *a-:* con sujeto de persona: *apicararse, apiparse, arrepanchigarse, arrogarse, atenerse, autosugestionarse;* con sujeto de cosa: *aborrascarse, aquebrazarse, arrequesonarse, azurronarse.*

Y si abandonamos el criterio estricto de la no existencia de la forma pronominal e incluimos aquellos que se usan casi siempre en forma pronominal, la lista sería amplísima; veamos algunos, siempre dentro de los límites de *a-: afanarse, alabearse, aperrearse, apiadarse, aplatanarse, apocarse, apoderarse, apolillarse, apropiarse.*

Esta larga lista sirve para confirmar la marcada tendencia del español a la expresión pronominal.

III

Es frecuente que el uso de un verbo en forma pronominal exija una preposición no presente cuando el verbo se utiliza como no pronominal; la presencia de la preposición puede ir o no acompañada de una diferencia de significado (para los casos en que el significado resulta alterado véase el apéndice siguiente).

Como ya hemos señalado (capítulo III, observación 1 del párrafo 5), el sujeto de una oración activa suele pasar a complemento con preposición en formación media; cuando el sujeto de la oración media es de cosa la preposición que aparece normalmente es *con;* cuando el sujeto es de persona, *con* alterna con *de* y *por*.

He aquí unos ejemplos más:

— Tanto leer me aburre. / Me aburro *de* tanto leer.
— Me alarma su actitud. / Me alarmo *con (de, por)* su actitud.
— Tu éxito me alegró. / Me alegré *con (de, por)* tu éxito.
— Me molestaron sus palabras. / Me molesté *con (por)* sus palabras.
— ¿Te sorprendió su salida? / ¿Te sorprendiste *con (de, por)* su salida?

En algunos casos la forma pronominal y la preposición son concomitantes, sin que se produzca ninguna otra alteración en la estructura de la oración:

— Agarré la mesa. / Me agarré *a (de)* la mesa.
— Aproveché la confusión. / Me aproveché *de* la confusión.
— Confesó sus pecados. / Se confesó *de* sus pecados.

Algunos verbos presentan las dos posibilidades anteriores; es el caso, por ejemplo, de *admirar:*

— Tu elocuencia me admira. / Me admiro *de (con)* tu elocuencia. / Admiro tu elocuencia.

En el capítulo III, observación del párrafo 4, ya señalábamos el caso especial de *olvidar:*

— He olvidado todo lo que dije. / Me he olvidado *de* todo lo que dije. / Se me ha olvidado todo lo que dije.

IV

Como ya hemos apuntado en diversos lugares de nuestro trabajo, la forma pronominal se traduce en muchos casos en la adquisición por parte del verbo de un significado más o menos lejano del originario. Esta cuestión pertenece más al diccionario que a la gramática. Damos aquí, sin embargo, como botón de muestra, unos cuantos verbos en que ocurre el hecho que acabamos de citar.

Abismarse en 'tener el espíritu o la atención absorbido por algo': *Se abismó en sus pensamientos.*

Acordarse de 'recordar, tener una cosa en la memoria': *No me acuerdo de lo que pasó.*

Aplicarse 'esforzarse con interés en algo': *Nos aplicaremos en el estudio.*

Apoderarse de 'adueñarse, apropiarse de algo': *Los rebeldes se apoderaron de la mayor parte de los edificios.*

Arrastrarse 'humillarse': *Se arrastró sin decoro tratando de conseguir un empleo.*

Arrugarse (informal) 'acobardarse': *No creí que te arrugaras tan fácilmente.*

Atragantarse (inf.) 'resultar algo o alguien antipático o desagradable': *Ese fulano se le atraganta a cualquiera.*

Burlarse de 'mofarse, reírse': *No os burléis de ese pobre hombre.*

Darse 'consagrarse o dedicarse a alguien': *Se da a los amigos;* 'abandonarse a un vicio o una actividad de modo absorbente': *Se ha dado al juego.*

Declararse 'aparecer claramente una cosa': *Se ha declarado un incendio.*

Largarse (inf.) 'marcharse brusca o precipitadamente de un sitio': *Se largó sin dar ninguna explicación.*

Ocurrirse 'venirle a alguien al pensamiento una idea': *Se le ocurrió que deberíamos irnos.*

Reírse de 'burlarse': *Me parece que se ríe de nosotros.*

EJERCICIOS

Los ejercicios están divididos en cuatro partes. La cuarta parte está constituida por nueve textos, los dos primeros creados por nosotros, los restantes de los autores que se citan al final de cada uno de ellos. Hacemos aquí algunas indicaciones sobre las tres primeras partes.

Hemos procurado que el encabezamiento de los distintos ejercicios sea claro y libre de equívocos. Téngase en cuenta, sin embargo, que en muchos casos son igualmente posibles varias soluciones; el lector debe tener especial cuidado en detectar estos casos. Cuando se trata de convertir un infinitivo dado entre paréntesis en una forma personal, incluimos dentro del paréntesis todos los datos que no puedan ser inferidos directamente por el lector. A veces son varios los tiempos verbales que pueden utilizarse; al ser la elección indiferente para los fines que perseguimos, el lector puede escoger cualquiera de ellos (igual que hacemos nosotros en las soluciones). Junto a cada encabezamiento figuran unos números entre paréntesis: son la referencia al lugar del libro donde se estudian las construcciones equivalentes a las propuestas como ejercicio (el primer número indica siempre el capítulo, los demás —normalmente sólo uno—, los párrafos).

PRIMERA PARTE

1. Convierta las siguientes oraciones en impersonales (con el verbo en tercera persona plural, segunda singular o segunda plural, según los casos) (I, 1)

1. Mañana (anunciar) .... que el conflicto ha terminado.

2. ¿Te (regalar) .... algo por tu cumpleaños?

3. En un empleo como ése no (prosperar) .... mucho, pero (estar) .... bien considerado.

4. Ya verás como me (llamar) .... a declarar.

5. Allí (aprender) .... mucho a costa de que os (explotar) .... como auxiliares.

6. En Marruecos no (hablar) .... ya español.

7. Te (pasar) .... todo el día esperando y al final no te (atender) ....

8. Te (telefonear) .... hace un momento.

2. Construya las siguientes oraciones como impersonales con «se» (1, 2)

1. Parece evidente que (buscar) .... desesperadamente un culpable.

2. (Deber avisar) .... del accidente a las autoridades.

3. Probablemente (conceder) .... un préstamo a los damnificados.

4. Después del accidente (avisar) .... la policía.

5. (Comprobar) .... que no había voluntad de entendimiento.

6. Que no (hablar) .... ya más del asunto.

7. (Suponer) .... la subida de la gasolina ocurrirá en enero.

8. Desde aquí (contemplar) .... un paisaje maravilloso.

9. Aquí siempre (servir) .... vino de la costa.

10. (Oir cantar) .... una canción a lo lejos.

11. En esta tienda (necesitar) .... un aprendiz.

12. (Recompensar) .... las personas que lo encuentren.

3. Construya estas oraciones como impersonales con «se» (1, 2)

1. Ultimamente (edificar) .... sin ton ni son.

2. Dentro de unos años (vivir) .... bien en este pueblo.

3. (Jactarse) .... demasiado sin tener motivo para ello.

4. (Publicar) .... excesivamente en los últimos años.

5. En estos tiempos (ser) .... escéptico casi por obligación.

6. En esas circunstancias (atenerse) .... a la triste realidad.

7. (Enseñar) .... más en aquella época.

8. Según el Ministerio (investigar) .... mucho en los próximos años.

9. En una competición de esa clase (llegar) .... cansado forzosamente.

10. ¡Hay que ver cómo (presumir) .... en este lugar!

4. Formule las siguientes oraciones como pasivas con «se» (II, 2)

1. Está visto que nunca (acabar) .... las discusiones.

2. El abogado asegura que (oír) .... su voz en el estrado.

3. Las elecciones (convocar) .... para el mes de diciembre.

4. ¿Cómo han terminado las negociaciones que (iniciar) .... el año pasado?

5. (Comprobar) .... sus afirmaciones.

6. Para este puesto (exigir) .... hombres capacitados.

7. La delegación afirma que los resultados (ver) .... pronto.

8. Con esta información (comprender) .... ciertas cosas.

9. En los dos últimos meses (intentar) .... muchas soluciones.

10. En nuestro país (necesitar) .... muchos investigadores.

5. Exprese las oraciones medias equivalentes a las que se dan a continuación (III, 4 y 5)

1. El aire libre mejorará tu salud.

....

2. Este producto abrillanta el pelo.

....

3. He olvidado tus recomendaciones.

....

4. Estas inyecciones no curan nada.

....

5. El viento mece los árboles.

....

6. La inflación sube los precios.

....

7. Olvidarás toda precaución.

....

8. Las comodidades alegran la vida.

....

6. Convierta en medias las oraciones siguientes (III, 6)

1. Tanto peso les cansó los brazos.

....

2. El movimiento te apretará las ligaduras.

....

3. La distracción me alejará las malas ideas.

   ....

4. El ejercicio me sube la tensión.

   ....

5. Esto le alegrará el semblante.

   ....

6. Cualquier movimiento me baja los pantalones.

   ....

7. La prisa me enredó los pies.

   ....

8. La edad nos apagará los ojos.

   ....

9. El sol te secará la piel.

   ....

10. El sufrimiento le arruga la cara.

   ....

7. Formule las siguientes oraciones como medias (IV, 2)

1. El abuso de pastillas los debilitará.

   ....

2. El tiempo ha avejentado a mi padre.

....

3. La gimnasia ha espigado a ese muchacho.

....

4. La vida en el campo te ha fortalecido.

....

5. Los años han encorvado a tu abuelo.

....

6. Esa vida sedentaria enfermerá a Juan.

....

7. Tanto esfuerzo os cansará.

....

8. Sustituya los infinitivos por las formas personales medias correspondientes (IV, 3)

1. Tantos desengaños han hecho que (convertir, él) .... un revolucionario.
2. Si seguís así (volver, vosotros) .... tristes.
3. El delegado (hacer) .... presidente de la mesa en la segunda sesión.
4. Me miraba con tanta insistencia que (poner, yo) .... colorado.

5. (Hacer, él) .... famoso con sus libros.

6. Sin darnos cuenta (convertir, nosotros) .... fumadores empedernidos.

7. Cuando veo tanta miseria (poner, yo) .... malo.

8. De tanto darle vueltas al asunto (volver, vosotros) .... locos.

9. Transforme en reflexivas las siguientes oraciones (IV, 4)

1. Juan le ha comprado un coche a su mujer.

   ....

2. Juan pesó a su hijo en la farmacia.

   ....

3. El practicante me calmó el dolor con un masaje.

   ....

4. Juan le recortó el bigote a Antonio.

   ....

5. Juan le miró las manos a su primo.

   ....

6. El hombre debe respetar a los demás.

   ....

7. El niño quiere a sus compañeros.

....

8. Su padre le metió un duro en el bolsillo.

....

9. Juan no matriculará a su hijo este curso.

....

10. El abogado defendió con vehemencia al acusado.

....

10. Sustituya los infinitivos por las formas reflexivas correspondientes (IV, 5)

1. ¡(Apear, tú) .... del coche!

2. A Juan le gusta (tender) .... en el suelo.

3. Antes (acostar, yo) .... más tarde.

4. En cuanto pueda (distanciar, yo) .... de ese grupo.

5. (Aproximar, vosotros) .... al fuego.

6. Cuando yo entre tenéis que (poner) .... de pie.

7. Observé cómo (alejar, él) .... por el camino.

8. Mi padre (levantar) .... siempre a las ocho.

9. Apenas vuelvo la cabeza (echar, él) .... en la cama.

10. No insistas: he decidido (separar, yo) .... del negocio.

11. Coloque los infinitivos en forma recíproca (IV,6)

1. No (lanzar, vosotros) .... más indirectas.

2. Los niños ya no (pelear) ....

3. Los hermanos deben (querer) ....

4. Los acusados (mirar) .... intranquilos.

5. Los hombres están obligados a (respetar) ....

6. Los asistentes (acusar) .... los unos a los otros.

SEGUNDA PARTE

1. Sustituya el infinitivo por una forma simple o pronominal, según los casos (V, 2 a)

1. (Ir, él) .... pregonando el asunto por ahí.
2. (Ir, yo) .... a comprarme un coche, pero no sé cuándo.
3. No (ir, yo) .... a verlo nunca más.
4. Ayer no (ir, nosotros) .... al cine.
5. (Ir, ellos) .... de la librería a las ocho.
6. El momento de las lamentaciones (ir) .... ya.
7. Si (ir) .... al bar, no olvides traerme el licor.
8. El año próximo (ir, nosotros) .... a menos sitios.
9. Ha sacado las oposiciones y (ir) .... a Salamanca.
10. Mañana quizá (ir, nosotros) .... a dar un paseo.

2. Utilice una forma simple o pronominal, según los casos (V, 2 b)

1. (Venir, nosotros) .... callados durante todo el viaje.
2. El tren (venir) .... hoy con retraso.

99

3. El pasaje (venir) .... a costar unas cinco mil pesetas.

4. Mi hermano (venir) .... sólo de paso.

5. La moda (venir) .... de París.

6. ¿Juan? ¡Otra vez está sin trabajo! Ayer (venir) .... de la compañía de seguros.

7. Ese avión (venir) .... de Londres.

8. El nuevo jefe (venir) .... lleno de pretensiones.

9. Me han asegurado que el paquete (venir) .... en el correo de mañana.

10. Antonio (venir) .... de Francia porque allí no podía aguantar ni un día más.

3. Emplee la forma pronominal en los casos en que sea posible (V, 2 c)

1. El periódico (salir) .... todas las mañanas a las cinco.

2. Cuando observamos que la botella (salir) .... ya no quedaba ni una gota de vino.

3. ¡Fíjate qué cantidad de humo (salir) .... por aquella ventana!

4. (Salir, yo) .... fuera a respirar un poco de aire.

5. Este tren nunca (salir) .... en punto.

6. ¿Te has enterado de que Pedro (salir) .... de la Marina?

7. Me parece que ese vaso (salir) ....

8. Nadie se dio cuenta de que el líquido (estar saliendo) ....

9. Dicen que Antonio (salir) .... elegido concejal.

10. La gente, aburrida, (salir) .... antes de que terminara la función.

4. Sustituya el infinitivo por la forma simple o pronominal, según los casos (V, 2 e y f)

1. Se levantó y (marchar) .... sin dar ninguna explicación.
2. No supe reaccionar a tiempo y (caer, yo) .... de bruces.
3. Creo que la pelota que tiraste (caer) .... por aquí.
4. El hombre (caer) .... de un quinto piso.
5. Nos desesperaba que el vehículo (marchar) .... tan lentamente.
6. No muevas la mesa, que (caer) .... los papeles.
7. Vi cómo el avión (caer) .... en picado.
8. Apunté bien al lanzarla, pero no (caer) .... donde yo quería.
9. Si te pones de esa manera (marchar, yo) ....
10. ¡(Caer, tú) .... en lo más llano!
11. Ese tipo (caer, a mí) .... mal.
12. ¿Sabes en qué día de la semana (caer) .... Navidad?

5. Utilice la forma pronominal en los casos en que sea posible (V, 2 g y h)

1. La juventud no (volver) ....
2. Este encendedor ya no sirve: el gas (escapar) ....
3. No (volver, yo) .... a hablarle más.
4. ¡Ten cuidado, que (escapar) .... el gato!
5. Se marchó enfadado y dijo que no (volver) .... en su vida.
6. De aquí no (escapar) .... nunca ningún preso.

7. Le avisaron y tuvo que (volver) .... a mitad de camino.

8. Apenas volví la cabeza (escapar, él) ....

9. Se ha asustado y quiere (volver) .... atrás.

10. Cuando comprendí que allí me necesitaban ya era tarde para (volver) ....

6. Emplee la forma simple o la pronominal, según los casos (V, 4)

1. Arréglate y (llevar) .... el niño al colegio.

2. Cuando vuelvas (traer, a mí) .... buenas noticias.

3. No (llevar, tú) .... el libro, que voy a leerlo.

4. El cartero no (traer) .... nada para nosotros.

5. Si te estorba aquí (llevar, yo) .... la silla.

6. ¿Quieres que (yo, traer, a ti) .... algo?

7. Si sales (llevar, tú) .... la carta.

8. Mi intención es ahorrar, así que cuando vuelva (traer, yo) .... por lo menos cien mil pesetas.

9. (Llevar, tú) .... el periódico a tu padre.

10. El saqueo fue terrible: de aquí (llevar, ellos) .... todos los muebles.

7. Sustituya el infinitivo por la forma simple o la pronominal (VI, 4 A)

1. ¡Con qué gusto (comer, yo) .... una chuleta!

2. ¿Qué (desayunar, tú) .... hoy?

3. Juan (comer) .... en ese restaurante.

4. (Beber, yo) .... el vaso de agua con unas ganas tremendas.

5. (Tragar, él) .... el bollo en un santiamén.

6. Esta mañana no (desayunar, yo) ....

7. El sábado próximo (comer, nosotros) .... juntos.

8. (Fumar, yo) .... casi treinta cigarrillos diarios.

9. ¿(Beber, tú) .... ya la leche?

8. Utilice la forma pronominal en los casos en que sea posible (VI, 4 B1, 2 y 3)

1. En aquellos tres años no (aprender, yo) .... nada.

2. Estoy tan confuso que no (saber) .... qué hacer.

3. ¿(Saber, tú) .... quién ha venido?

4. (Conocer, él) .... este paraje como la palma de la mano.

5. Es imposible que eso (aprender, tú) .... de memoria.

6. Aún no (conocer, yo) .... su última película.

7. Han dicho que me lo estudie y (aprender, yo, futuro) ....

8. Que no me provoquen, porque (conocer, yo, a mí) .... muy bien.

9. ¿(Saber, tú) .... la lección?

10. Perdí el tiempo en la Universidad: no (aprender) .... nada.

9. Construya las siguientes oraciones en forma simple o pronominal, según los casos (VI, 4 B3 y 4)

1. No (creer, yo) .... en los que hablan tanto.

2. (Temer, yo) .... que el resultado no sea favorable.

3. Todos opinan que, debido a tus éxitos, (creer, tú, lo) ....
4. (Temer, yo) .... que no nos harán caso.
5. Era tan iluso que (creer, él) .... que le darían una participación en el negocio.
6. Le (temer, ellos) .... a que se descubra todo.
7. Pero hombre, ¿es que siempre (creer) .... lo que te dicen?
8. Me parece que (temer, tú) .... a ese hombre.

10. Sustituya el infinitivo por la forma simple o la pronominal (VI, 4C)

1. En este almacén los empleados sólo están contentos cuando (vender) .... objetos por valor de quince mil pesetas cada uno.
2. En mis horas libres (ganar, yo) .... más que en mi trabajo normal.
3. Los bolígrafos (gastar) .... muy rápidamente.
4. Aunque tú opines que no, te garantizo que esto (vender, yo) .... en menos de una semana.
5. Este coche (gastar) .... demasiada gasolina.
6. Por su manera de ser (ganar, él) .... muchos disgustos.
7. Hay que ver con qué facilidad (gastar) .... hoy la gente el dinero.
8. ¿Qué equipo (ganar) .... el campeonato?

11. Utilice el verbo en forma simple o pronominal (VII, 2)

1. (Dormir, él) .... a los pocos segundos de haberse sentado.

2. Ese pueblo no (estar) .... en el mapa.

3. Al ver aquello (morir, yo) .... de rabia.

4. ¡No (quedar, tú) .... con el libro, eh!

5. ¡Ayúdame! ¡No (estar, tú) .... ahí quieto!

6. Ese pueblo (quedar) .... a treinta kilómetros de aquí.

7. Siempre (dormir, él, a mí) .... con su conversación.

8. No (morir, ellos) .... en aquel accidente de milagro.

9. Cuando se lo he dicho (quedar, ellos) .... estupefactos.

10. Ya te he dicho que aquí (dormir) .... yo.

11. Con eso sólo conseguirás (morir, tú) .... poco a poco.

TERCERA PARTE

PRIMERA PARTE

1. Construya, en los casos en que sea posible, la oración pasiva correspondiente a cada una de las activas que se dan a continuación (II, 1)

1. El jugador recogió la pelota.

   ....

2. Esa mujer pesará setenta kilos.

   ....

3. Ayer compré dos revistas.

   ....

4. Has recibido mil pesetas.

   ....

5. Los negociadores han presentado sus conclusiones.

   ....

6. Capté la intención de sus palabras.

....

7. El año próximo haré dos cursos de la carrera.

....

8. Este libro cuesta quinientas pesetas.

....

9. Mi primo publicará un trabajo el año que viene.

....

10. Este alumno no sabe nada.

....

2. Exprese las oraciones pasivas que correspondan a las siguientes activas (II, 6)

1. Visitaron a los enfermos.

....

2. Se busca jóvenes meritorios.

....

3. El juez pronunció la sentencia.

....

4. Han advertido sus intenciones.

....

5. El delegado abrió la sesión.

....

6. Dicen las verdades.

....

7. Hablan mucho en Andalucía.

....

8. Se compone relojes.

....

9. Obsequiarán a los niños.

....

10. Se coge puntos de media.

....

11. Se insultó a los asistentes.

....

12. La camarera miró a los clientes.

....

13. Se castigará a los disidentes.

....

14. El general arengó a los soldados.

....

3. Sustituya el infinitivo por la forma pronominal correspondiente (III, 6)

1. A Juan (caer) .... las cosas de las manos.
2. A vosotros (ocurrir) .... antes muchas ideas buenas.
3. A mí (salir) .... los ojos del asombro.
4. A ti no (escapar) .... ni una.
5. A nosotros (ir) .... los mejores años de nuestra vida.
6. A mí (venir) .... a la memoria todo lo que pasó.
7. A ellos (morir) .... las ilusiones.
8. A ellos (dormir) .... la pasión.

4. Transforme las oraciones que vienen a continuación en las medias correspondientes (IV, 2)

1. A Juan lo alarmaron las noticias.

   ....

2. El espectáculo me aburría.

   ....

3. Me apena tu situación.

   ....

4. El desamparo de aquella gente nos avergonzó.

   ....

5. El espectáculo os apesadumbrará.

   ....

6. No sigas, que lo aturdirás.

   ....

7. Me parece que el cine os apasiona.

   ....

8. Lo has enfurecido con tu actitud.

   ....

9. Si sigues insistiendo lo enojarás.

   ....

10. ¿No te azara una equivocación tan evidente?

    ....

5. Complete las siguientes oraciones con algunas de estas palabras: «lívido», «futbolista», «loco», «médico famoso», «pálido», «personaje codiciado», «pobre», «fontanero» (IV, 3)

1. Juan se volvió ....
2. Juan se convirtió ....
3. Juan se hizo ....
4. Juan se puso ....
5. Juan se volvió ....

6. Juan se convirtió ....

7. Juan se hizo ....

8. Juan se puso ....

6. Complete algunas de las oraciones siguientes con estas palabras: «el crimen», «la chaqueta», «la falta», «los pantalones» (IV,4)

1. Juan se desnudó ....

2. Juan se apuntó ....

3. Juan se puso ....

4. Juan se achacó ....

5. Juan se quitó ....

6. Juan se acusó ....

7. Juan se vistió ....

8. Juan se defendió ....

7. Complete las siguientes oraciones de modo que, en cada pareja, una oración adquiera valor reflexivo y la otra valor medio (IV,5)

1. Me construiré un chalet ....
   Me construiré una casa ....

2. Me he hecho un equipo completo ....
   Me he hecho un aparato ....

3. Me afeitaré ....
   Me afeitaré ....

4. Se hace la manicura ....
   Se hace la manicura ....

114

CUARTA PARTE

En los textos que vienen a continuación hemos colocado entre paréntesis una serie de infinitivos; sustitúyalos por las formas personales adecuadas, de acuerdo con las observaciones hechas a lo largo de este trabajo.

1.

El hombre (alejar) .... despacio, sin (atrever) .... a volver la cabeza. El fracaso le pesaba sobre los hombros, (angustiar) .... con la idea de que todo había sido por su culpa. ¿Acaso (poder) .... adivinar lo que (deber, hacer) .... en una situación como la que (presentar) .... a él? (Meter) .... las manos en los bolsillos,(ver) .... a sí mismo como un pobre diablo, y esta idea hizo que (olvidar) .... todas sus tribulaciones.

2.

Cansado del bullicio y del ruido que había allí dentro (levantar, yo) .... y (salir) .... fuera. (Ir, yo) .... andando despacio hasta el mirador, desde allí (divisar, impersonal) .... todo el valle y, al fondo, también (ver) .... los picachos de la sierra.

Sentí que algo en mí (alegrar) .... y que la respiración (acelerar) ....; (pasar) .... una mano por los pelos y, al tocarlos, (imaginar) .... que estaban ya blancos y que la vida (pasar, a mí) .... sin sentir.

3.

Otro elemento constituyente indispensable para la existencia de una generación es lo que (llamar) .... Petersen los elementos formativos. Eso es: la homogeneidad de educación, en el sentido más lato, de fuerzas concurrentes a la especial modelación mental del individuo, en que (desarrollar) .... un grupo nacido en los mismos años. ¿(Dar) .... esto en los hombres del 98? Seguramente, visto desde fuera, no. Los hombres del 98 (formar) .... como Dios les da a entender, sueltos, separados, y tras una ojeada superficial (decir) .... que no hay comunidad de formación (.....). Pero si (aguzar) .... la atención caemos en la cuenta de que hay una profunda unidad en el modo como (formar) .... los espíritus de estos hombres: su coincidencia en el autodidactismo.

(Pedro Salinas, *Literatura española siglo XX*. Madrid, Alianza Editorial, 1970, pág. 29.)

4.

Llega el 98 (.....) y las características de la generación que acabo de apuntar (intensificar) .... El aire hispánico (ver) .... surcado (.....) por algunas frases de clave, potentemente significativas: «el alma española», la cuestión nacional», «el problema español», «la regeneración». Y (acentuar) .... el tono concentrativo del movimiento. Por entonces (realizar) .... el contacto entre modernistas y hombres del 98 (.....). Pero la divergencia de

concepciones (ser) .... muy grande para que ese contacto
(poder convertir) .... en una fusión; al contrario, la bifurcación
(venir) .... muy pronto.

(Pedro Salinas, *Ibid.*, págs. 15-16.)

5.

Cuando el niño (ver) .... de nuevo solo junto a la balsa
(arrodillar) .... en la orilla y sumergió sus bracitos desnudos
en la corriente. Los residuos (.....) resaltaban en la oscuridad y el
Senderines (arrancar) .... un junto y (tratar) .... de atraer el
más próximo. No (conseguir) .... y, entonces, arrojó el junco
lejos y (sentar) .... en el suelo contrariado (.....). El cebollero y la
codorniz apenas (oír) .... ahora, eclipsadas sus voces por las
gárgaras estruendosas de la Central (.....). El rostro del niño
(iluminar) .... de pronto, (extraer) .... la cajita de betún del
bolsillo y la entreabrió (.....). «Este bicho tiene que comer —pen-
só—, si no (morir) .... también» (.....) El gusano (retorcer) ....
impotente en su prisión. Súbitamente, el Senderines (incorporar)
.... y, a pasos rápidos (encaminar) .... a la casa.

(Miguel Delibes, *La mortaja*.
Madrid, Alianza Editorial, 1970, págs. 62-63.)

6.

Caía el sol, demasiado luminoso para una mañana de octubre,
y el hombre bajo y mísero (acomodar) .... bajo la insuficiente
sombra del chaparro. Dos pasos más allá, un hombre enjuto (.....)
(beber) .... ávidamente de la bota que (acabar) .... de tenderle
el otro. Al concluir (pasar) .... el envés de la mano derecha por
los labios y (mirar) ...., guiñando levemente los ojos, a lo lejos.

La ladera (desplomar) .... en cárcavas profundas hasta el cauce
del río (.....). En el suelo (yacer) .... las mohosas escopetas (.....)
y las cananas (.....). A su lado, jadeando, estaba la perra (.....).
El hombre de la cicatriz, a quien (doler) .... en los riñones la
aspereza de la ladera,(volver) .... calmosamente y (fijar) ....
sus ojos en el animal.

(Miguel Delibes, Ibid., págs. 165-166.)

7.

Agustín olía a perfume barato. Remedios tuvo la debilidad de
(decirlo, a él) .... El hombre la miró sin contestar y Remedios
(volver) .... rápidamente a su cuarto para (echar a llorar) ....
Agustín, más allá del bien y del mal,(dormir) .... a medio (des-
nudar) .... La mujer no podía olvidar la mirada perdida del
hombre: (equivocar) .... de medio a medio. (Leer) .... un
desamparo donde sólo el alcohol era responsable del vacío, pero
(ser) .... suficiente para que (enfrentar) .... consigo misma y
(dar) .... cuenta, con claridad prístina, de que estaba enamorada
de Agustín (.....). Su primera reacción fue de una felicidad sin más
límites que los de su propio ser (.....). Pero, tan pronto como
(formular) .... su sentimiento sin ambages,(caer) .... el mundo
encima.

(Max Aub, Las buenas intenciones.
Madrid, Alianza Editorial, 1971, pág. 63.)

8.

La vida se organizó mal que bien. Agustín (ahogar) .... en el
cuartucho de Petra. Desayunaba y (ir) .... a la calle, sin más
palabras que las necesarias para (enterar) .... de la salud de las

dos mujeres. A pesar de que (intentar) .... comer en cualquier restaurant, para estar lo menos posible en casa, su madre (acostumbrar) .... a hacerlo en compañía de «su nieto» y no (tener) .... más remedio que apechugar con la reunión familiar. El que (faltar) ...., casi siempre, era su padre. (Achacar, lo) .... doña Camila a su repudio del matrimonio de Agustín; todo lo (dar) .... por bueno con tal de (pasar) .... las horas cuidando del chiquillo. (Sacar, lo) .... a paseo, orgullosísima.

—¿Qué (decir, tú) .... que me (decir, ellos) ....? Si (volver, ellos) .... para verlo! Una señora (.....) (parar) .... a preguntarme qué edad tenía.

(Max Aub, Ibid., págs. 39-40.)

9.

Dio dos pasos hacia atrás. Ahora sí que (marchar, ella) .... (Acordar) .... yo del busto blanco del hermano lego (.....). Todavía en la puerta, Matilde (.....) (quedar) .... indecisa. Miraba a la cocainómana y (mirar) .... a mí. No (ir, ella) .... Tampoco (volver) .... a entrar (.....).

Matilde (salir) .... a la calle, pero (quedar) .... a su vez en la vitrina, mirando hacia dentro (.....).

La mujer de la nariz me pagó la última cocaína y me pidió otro gramo a crédito. Yo le (decir) .... que tenía instrucciones del farmacéutico y que no podía (dar) .... Ella pareció dudar un momento (.....). Y con aire resignado (sacar) .... un brazalete de oro y lo dejó sobre el mostrador.

(Ramón J. Sender, Crónica del alba, 2.
Madrid, Alianza Editorial, 1971, págs. 144-145.)

SOLUCIONES DE LOS EJERCICIOS

PRIMERA PARTE

1) 1. anunciarán / se anunciará.—2. han regalado.—3. se prospera, se está / prosperas, estás / prosperáis, estáis.—4. llaman.—5. aprendéis, exploten.—6. se habla / hablan.—7. pasas, atienden.—8. han telefoneado.

2) 1. se busca.—2. se debe avisar / debe avisarse.—3. se concederá.—4. se avisó a.—5. se comprobó.—6. se hable.—7. se supone que.—8. se contempla.—9. se ha servido.—10. se oía cantar.—11. se necesita.—12. se recompensará a.

3) 1. se edifica.—2. se vivirá.—3. *No puede hacerse: el verbo es obligatoriamente pronominal.*—4. se ha publicado.—5. se es.—6. *Tampoco puede hacerse, por la misma razón anterior.*—7. se enseñaba.—8. se investigará.—9. se llega.—10. se presume.

4) 1. se acabarán.—2. se oirá.—3. se han convocado.—4. se iniciaron.—5. se comprobarán.—6. se exigen.—7. se verán.—8. se comprenden.—9. se han intentado.—10. se necesitan.

5) 1. Tu salud se mejorará con el aire libre.—2. El pelo se abrillanta con este producto.—3. Tus recomendaciones se me han olvidado.—4. Los árboles se mecen con el viento.—5. Nada se cura con estas inyecciones.—6. Los precios suben con la inflación.—7. Toda precaución se te olvidará.—8. La vida se alegra con las comodidades.

127

6)   1. Los brazos se les cansaron con tanto peso.—2. Las ligaduras se te apretarán con el movimiento.—3. Las malas ideas se me alejarán con la distracción.—4. La tensión se me sube con el ejercicio.—5. El semblante se le alegrará con esto.—6. Los pantalones se me bajan con cualquier movimiento.—7. Los pies se me enredaron con la prisa.—8. Los ojos se nos apagarán con la edad.—9. La piel se te secará con el sol.—10. La cara se le arruga con el sufrimiento.

7)   1. Se debilitarán con el abuso de pastillas.—2. Mi padre se ha avejentado con el tiempo.—3. Ese muchacho se ha espigado con la gimnasia.—4. Te has fortalecido con la vida en el campo.—5. Tu abuelo se ha encorvado con los años.—6. Juan se enfermará con esa vida sedentaria.7. Os cansaréis con tanto esfuerzo.

8)   1. se convierta en.—2. os volveréis.—3. se hizo.—4. me puse.—5. se hará.—6. nos hemos convertido en.—7. me pongo.—8. os volveréis.

9)   1. Juan se ha comprado un coche.—2. Juan se pesó en la farmacia.—3. El practicante se calmó el dolor con un masaje.—4. Juan se recortó el bigote.—5. Juan se miró las manos.—6. El hombre debe respetarse.—7. El niño se quiere (a sí mismo).—8. Su padre se metió un duro en el bolsillo.—9. Juan no se matriculará este curso.—10. El abogado se defendió con vehemencia.

10)   1. apéate.—2. tenderse.—3. me acostaba.—4. me distanciaré.—5. aproximaos.—6. poneros.—7. se alejaba.—8. se levanta.—9. se echa.—10. separarme.

11)   1. os lancéis.—2. se pelean.—3. quererse.—4. se miraban.—5. respetarse.—6. se acusaron.

SEGUNDA PARTE

1) 1. va.—2. voy.—3. iré.—4. fuímos.—5. se fueron.—6. se ha ido.— 7. vas / te vas.—8. iremos.—9. se ha ido.—10. vayamos.

2) 1. vinimos.—2. viene.—3. viene.—4. ha venido.—5. viene.—6. se vino.—7. viene.— 8. ha venido.—9. vendrá.—10. se vino.

3) 1. sale.—2. se salía.—3. sale.—4. saldré / me saldré.—5. sale.—6. se ha salido.—7. se sale.—8. estaba saliendo / se estaba saliendo.—9. ha salido.—10. se salió.

4) 1. se marchó.—2. caí / me caí.—3. cayó.— 4. cayó / se cayó.—5. marchase.—6. se caerán.—7. caía.—8. cayó.—9. me marcharé.—10. cae.

5) 1. volverá.—2. se escapa.—3. volveré.—4. se escapa.—5. volvería.— 6. se ha escapado.—7. volverse.—8. escapó / se escapó.—9. volverse.— 10. volver / volverme.

6) 1. lleva / llévate.—2. tráeme.—3. te lleves.—4. trae.—5. me llevaré.— 6. te traiga.—7. llévate.—8. traeré / me traeré.—9. llévale.—10. se llevaron.

7) 1. me comería.—2. has desayunado.—3. come.—4. bebí / me bebí.— 5. se tragó.—6. he desayunado.—7. comeremos.—8. me fumo.—9. te has bebido.

8) 1. aprendí.—2. sé.—3. sabes.—4. conoce / se conoce.—5. lo aprendas / te lo aprendas.—6. conozco.—7. me lo aprenderé.—8. me conozco.—9. sabes / te sabes.—10. aprendí.

9) 1. creo.—2. temo / me temo.—3. te lo has creído.—4. temo / me temo.—5. se había creído.—6. temen.—7. crees / te crees.—8. temes.

10) 1. venden / se venden.—2. gano / me gano.—3. se gastan.—4. lo vendo / me lo vendo.—5. gasta.—6. se ganará.—7. gasta / se gasta.—8. ha ganado.

11) 1. se durmió.—2. está.—3. me morí.—4. te quedes.—5. te estés.—6. queda.—7. me duerme.—8. murieron.—9. han quedado / se han quedado.—10. dormiré.—11. morir / morirte.

TERCERA PARTE

1) 1. La pelota fue recogida por el jugador.—2. *No es posible.*—3. Dos revistas fueron compradas ayer por mí *(teóricamente posible, pero no usual).*—4. Mil pesetas han sido recibidas por ti *(teóricamente posible, pero no usual).*—5. Las (sus) conclusiones han sido presentadas por los negociadores.—6. La intención de sus palabras fue captada por mí *(no usual).*—7. Dos cursos de la carrera serán hechos por mí el año próximo *(teóricamente posible, pero muy poco frecuente).*—8. *No es posible.*—9. Un trabajo será publicado por mi primo el año que viene.—10. Nada es sabido por este alumno *(la aceptabilidad de esta oración es muy dudosa, incluso en el plano teórico).*

2) 1. Los enfermos fueron visitados.—2. Se buscan jóvenes meritorios.—3. La sentencia fue pronunciada por el juez.—4. Sus intenciones han sido advertidas.—5. La sesión fue abierta por el delegado.—6. Las verdades son dichas.—7. *No es posible.*—8. Se componen relojes.—9. *No es posible.*—10. Se cogen puntos de media.—11. *No es posible.*—12. Los clientes fueron mirados por la camarera *(poco frecuente).*—13. *No es posible.*—14. Los soldados fueron arengados por el general.

3) 1. se le caen.—2. se os ocurrían.—3. se me salían.—4. se te escapa.—5. se nos han ido.—6. se me viene.—7. se les han muerto.—8. se les dormirá.

4) 1. Juan se alarmó con las noticias.—2. Me aburría con el espectáculo.—3. Me apeno con tu situación.—4. Nos avergonzamos con el desamparo de aquella gente.—5. Os apesadumbraréis con el espectáculo.—6. No sigas, que se aturdirá.—7. Me parece que os apasionáis con el cine.—8. Se ha enfurecido con tu actitud.—9. Si sigues insistiendo se enojará.—10. ¿No te azaras con una equivocación tan evidente?

5) 1 y 5. loco, pobre.—2 y 6. futbolista, médico famoso, personaje codiciado, fontanero.—3 y 7. futbolista, médico famoso, personaje codiciado *(con este sintagma y el anterior, suele requerirse un determinante del tipo «un»)*, fontanero.—4 y 8. lívido, loco, pálido.

6) 1. ————.—2. la falta.—3. la chaqueta, los pantalones.—4. la falta, el crimen.—5. la chaqueta, los pantalones.—6. ———— *(hay que decir: Juan se acusó «de» la falta, «del» crimen).*—7. ————.—8. ———— *(hay que decir: Juan se defendió «del» crimen).*

7) Me construiré un chalet en cuanto tenga ahorrado el dinero que cuesta / Me construiré una casa con la ayuda de todos mis hermanos en los fines de semana.—2. Me he hecho un equipo completo en la sastrería que inauguraron hace poco en tu barrio / Me he hecho un aparato nuevo con los materiales que he podido aprovechar de los antiguos.—3. Me afeitaré con la máquina que me acaban de regalar / Me afeitaré en cuanto abran la barbería.—4. Se hace la manicura con una lima especial / Se hace la manicura en la peluquería de Ana.

136

CUARTA PARTE

1) se alejó; atreverse; se angustiaba; se puede; debe hacerse; se le había presentado; se metió; se vio; se le olvidaran.

2) me levanté; salí; fui; se divisaba; se veían; se alegraba; se me aceleraba; me pasé; me imaginé; se me había pasado.

3) llama; se desarrolla; se da; se forman; se diría; se aguza; se formaron.

4) se intensifican; se ve; se acentúa; se realiza; era; pudiera convertirse; vendría.

5) se vio; se arrodilló; arrancó; trató; lo consiguió; se sentó; se oían; se iluminó; extrajo; se morirá; se retorcía; se incorporó; se encaminó.

6) se acomodó; bebió; acababa; se pasó; miró; se desplomaba; yacían; le dolía; se volvió; fijó.

7) decírselo; volvió; echarse a llorar; se durmió; desnudarse; se equivocaba; leyó; fue; se enfrentara; se diera; se formuló; se le cayó.

8) se ahogaba; se iba; enterarse; intentó; se acostumbró; tuvo; faltaba; achacábalo; daba; pasarse; sacábalo; dirás; han dicho; se volvían; se paró.

9) se marchaba; me acordaba; se quedó; me miraba; se iba; volvía; salió; se quedó; dije; dárselo; se sacó.

BIBLIOGRAFIA

El problema del *se* aparece tratado con mayor o menor extensión en todos los manuales y gramáticas del español. Por otra parte, la bibliografía específica abarca un buen número de títulos. Sólo reseñamos aquí los libros y artículos que hemos usado directamente para la elaboración de este trabajo; en algunos de ellos pueden encontrarse otras referencias bibliográficas.

E. Alarcos Llorach:
      «Valores de *se*», en *Estudios de gramática funcional del español*.
      Madrid, Gredos, 1970, págs. 156-165.

N. Alonso Cortés:
      El pronombre 'se' y la voz pasiva castellana.
      Valladolid, Afrodisio Aguado, 1939.

S. S. Babcock:
      The Syntax of Spanish Reflexive Verbs.
      La Haya-París, Mouton, 1970.

W. E. Bull:
      Spanish for Teachers. Applied Linguistics.
      Nueva York, The Ronald Press Company, 1965, págs. 265-274.

141

J. Casares:

«La pasiva con *se*», en *Nuevo concepto del diccionario de la lengua y otros problemas de lexicografía y gramática*.
Madrid, Espasa-Calpe, 1941, págs. 225-240.

A. Castro:

«La pasiva refleja en español», en *Hispania*, I, 2, 1918, págs. 81-85.

A. Castro:

«Una cuestión gramatical tratada históricamente», en *La enseñanza del español en España*. 2.ª ed. (ni corregida ni aumentada) (sic).
Madrid, Librería General Victoriano Suárez, 1959, págs. 43-61.

L. Contreras:

«Significado y funciones del pronombre *se*», en *Zeitschrift für Romanische Philologie*, 82, 1966, págs. 298-307.

M. Manacorda de Rosetti:

«La llamada "pasiva con *se*" en el sistema español», en A. M. Barrenechea y M. Manacorda de Rosetti, *Estudios de gramática estructural*.
Buenos Aires, Paidós, 1969, págs. 91-100.

F. Monge:

«Las frases pronominales de sentido impersonal en español», en *Archivo de Filología Aragonesa*, VII, 1955, págs. 7-102.

E. de Oca:

«El pronombre *se* en nominativo», en *Boletín de la Real Academia Española*, I, 1914, págs. 573-581.

C. P. Otero:

«El otro *se*», en *Letras I*. 2.ª ed.
Barcelona, Seix Barral, 1972, págs. 85-97.

D. M. Perlmutter:

«Les pronoms objets en espagnol: un exemple de la nécessité de contraintes de surface en syntaxe», en *Langages*, 14, 1969, págs. 81-133.

N. Ruwet:
«Les constructions pronominales neutres et moyennes», en *Théorie syntaxique et syntaxe du français*.
París, Seuil, 1972, págs. 87-125.

J. Schroten:
Concerning the Deep Structures of Spanish Reflexive Sentences.
La Haya-París, Mouton, 1972.

INDICE